열공 왕초보가 쉽게 배우는

프랑스어 첫걸음

KakaoTalk
1:1상담

MP3 무료다운
www.donginrang.co.kr

동인랑

여러분의 외국어 학습에는 언제나
(주)동인랑이 성실한 동반자가 되어줄 것입니다.

책을 열며

프랑스어의 세계에 오신 것을 환영합니다.

프랑스어는 아름답고 쉬우며 중요한 언어입니다. 프랑스어는 전 세계 약 43개 이상의 나라에서 모국어 내지는 공용어로 사용되는 국제어 langue internationale입니다. 프랑스어는 전 세계의 거의 모든 대륙에서 사용되는 언어로서, 세계화 시대의 주역이 되기 위해서는 영어뿐만이 아니라 프랑스어를 자유롭게 구사할 수 있어야 합니다.

프랑스어는 국제연합UN, 유럽연합EU, 국제적십자IRC, 국제축구연맹FIFA, 국제올림픽위원회IOC나 국제 우편 연합UPU 업무 등에서 경쟁력 있는 공식 언어로 각광을 받고 있습니다. 따라서, 프랑스어를 구사할 수 있는 사람은 국제 무역 종사자, 국제 기구 직원, 관광 및 호텔업 종사자, 요리사, 언론 방송인, 외교관, 프랑스나 프랑스어권 연구소 직원, 프랑스어 교수 및 교사, 번역사 및 통역사 등 많은 분야의 직업을 가질 수 있습니다.

이 책은 프랑스어 회화 실력의 기초를 다지는 것을 목표로 흥미 있으면서도 쉽게 학습할 수 있도록 만들어졌습니다. 핵심적인 **의사소통 기능을 중심으로** 바로 사용할 수 있는 **실용적인 대화문과 그 기초가 되는 간단한 문법**을 재미있는 일러스트로 쉽게 습득할 수 있도록 짜여져 있습니다.

이 책은 일상 생활과 관련된 기초적인 의사소통능력을 기르는 동시에 **기본적인 프랑스의 문화**를 이해할 수 있는 문화능력을 향상시키는 것 역시 목표로 삼고 있습니다.

끝으로, 프랑스어 학습에 도움을 주고자 한글 발음을 표기하였으나 실제 발음과 차이가 있으므로 현지인이 녹음한 MP3를 활용하여 발음을 익히기 바랍니다.

한국외국어대학교 부속 외국어고등학교 박진형

Sommaire 차례

책을 열며 ……… 3
이 책의 구성 ……… 6

🍀 문자와 발음

Alphabet ……… 10
모음 ……… 14
자음 ……… 20
연독 · 모음생략 · 강세 ……… 24

🍀 기본 문장

01 인사하기 ……… 30
02 묻기 긍정답변 ……… 31
03 묻기 부정답변 ……… 32
04 사물 ……… 33
05 묻기 의문부사 ……… 34
06 묻기 사물 ……… 35
07 묻기 신분 ……… 36
08 묻기 이름 ……… 37
09 제안 ……… 38
10 목적어 ……… 39

🎧 녹음부분 문자와 발음, 기본문장
본문 Situation 1~4, Actes de parole, 바꿔 쓰는 표현

본문

01	Bonjour, Mademoiselle !	42
02	Je m'appelle Paul Durand.	52
03	Je suis coréen.	62
04	Qu'est-ce que c'est ?	70
05	Merci beaucoup, Monsieur.	80
06	Pardon, je suis désolé.	88
07	Vous aimez le cinéma ?	98
08	Quel jour sommes-nous ?	106
09	Est-ce que je peux voir ce pantalon ?	116
10	Ça fait combien ?	124
11	Allô !	134
12	On se voit où ?	142
13	Bon appétit !	152
14	Un billet pour Chartres, s'il vous plaît.	162

이 책의 구성

| 문자와 발음 |

alphabet 알파벳
프랑스어의 기본 글자인 모음 6개, 자음 20개부터 시작한다. 녹음을 들으며 차근차근 따라서 연습해 보자.

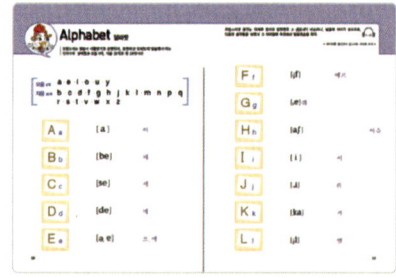

그림으로 배우는 기본 모음
프랑스어의 기본 모음을 그림을 보면서 입모양과 혀의 위치를 따라해 보자.

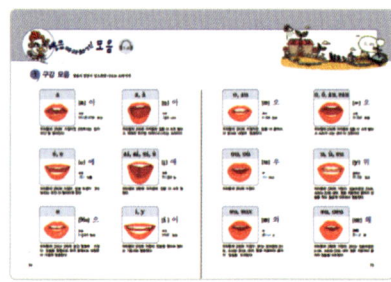

그림으로 배우는 쉬운 자음
혼동하기 쉬운 비슷한 자음 두 가지를 그림을 통해 비교하면서 정확한 발음을 익히는 코너이다. 발음 하나로 완전히 다른 뜻이 되는 것이 언어라는 점을 생각하며, 그림을 보면서 입모양과 혀의 위치가 어떻게 다른지 확인해 보자.

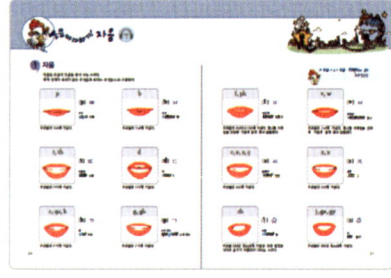

| 기본문장 |

인사하기, 묻고 대답하기와 같은 프랑스어의 가장 기본적인 문장들을 우선 학습함으로써, 프랑스어에 보다 쉽게 접근할 수 있다.

| 본문 |

Situation

쉽고 간단하면서 초보자가 꼭 알아야 할 기본표현들로만 대화를 구성하였다. 상황별로 자주 일어나는 4가지 장면으로, 실제 프랑스인들이 일반적으로 사용하는 표현이다. 실제 프랑스인이 녹음한 내용을 들으면서 큰소리로 따라 읽는 연습을 해보자.

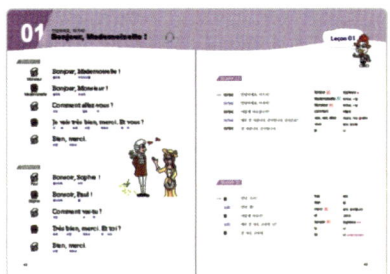

Actes de parole

본문에 나와있는 표현중 중요한 핵심 문장을 다른 상황에서 반복 응용해보자.

쉽게 이해되는 해설

회화에 꼭 필요한 기본 문법 사항만을 일러스트로 쉽게 재미있게 설명해 놓았다. 회화를 위해서는 반드시 알아야 할 사항이므로 차근차근 읽으며 이해하도록 하자.

바꿔 쓰는 표현

실제 생활에서 바로 사용할 수 있는 문장들을 단어를 바꾸어 가며 연습해 보자.

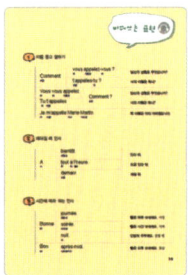

Culture Française

프랑스 문화를 이해하고 즐길 수 있도록 다양한 현지 사진과 카툰으로 재미있게 구성했다. 프랑스어를 보다 쉽게 이해하기 위해서는 프랑스 문화가 기반이 되어야 한다.

Français

문자와 발음

Alphabet 알파벳

프랑스어는 발음이 아름답기로 유명하며, 분명하고 또박또박 발음해야 하는 언어이다. 알파벳은 모음 6개, 자음 20개로 총 26개이다.

모음 6개   a · e · i · o · u · y
자음 20개 b · c · d · f · g · h · j · k · l · m · n · p · q
          r · s · t · v · w · x · z

A a	[a]	아
B b	[be]	베
C c	[se]	세
D d	[de]	데
E e	[ə, e]	으, 에

프랑스어의 글자는 대체로 영어의 알파벳과 그 생김새가 비슷하나, 발음에 차이가 있으므로, 다음의 글자들을 보면서 그 차이점에 주의해서 발음연습을 하자.

* 녹음을 들으면서 큰소리로 따라해 보자.

F f	[ɛf]	애프
G g	[ʒe]	줴
H h	[aʃ]	아슈
I i	[i]	이
J j	[ʒi]	쥐
K k	[ka]	까
L l	[ɛl]	앨

Alphabet 알파벳

M m	[ɛm]	앰
N n	[ɛn]	앤
O o	[o]	오
P p	[pe]	뻬
Q q	[ky]	뀌
R r	[ɛːR]	애-흐
S s	[ɛs]	애쓰

기본 26개의 알파벳과 함께 é à è ù â ê î ô û ë ï ü ç œ 와 같은 합성글자들을 함께 사용한다.

▶ p18 참고

T t	[te]	떼
U u	[y]	위
V v	[ve]	베
W w	[dubləve]	두블르베
X x	[iks]	익쓰
Y y	[igRɛk]	이그핵
Z z	[zɛd]	재드

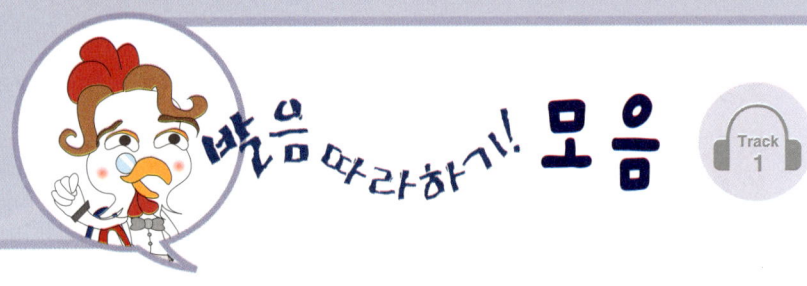

1 구강 모음
발음시 입김이 입으로만 나오는 소리이다.

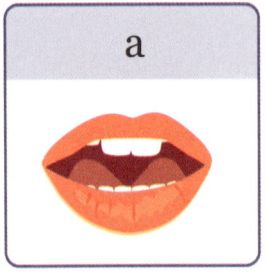

a

[a] 아

마담
ma**da**me 부인

우리말의 [아]에 가깝지만 [아]보다는 입이 약간 덜 벌어진다.

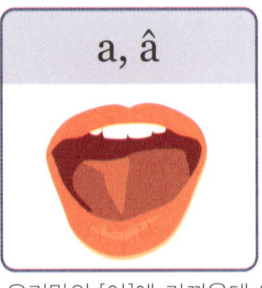

a, â

[ɑ] 아

아쥬
âge 나이

우리말의 [아]에 가까운데 입을 더 크게 벌리고, 뒤쪽의 목구멍 가까이서 나오는 소리이다.

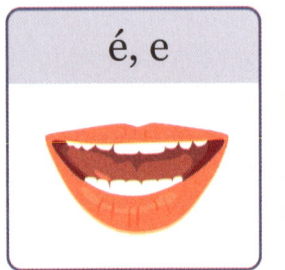

é, e

[e] 에

에떼
ét**é** 여름

우리말의 [에]에 가깝다. 입술 모양이 [이]보다는 약간 더 벌어지게 한다

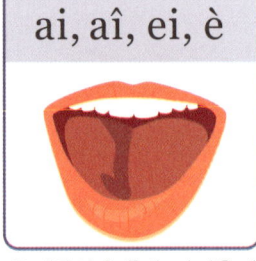

ai, aî, ei, è

[ɛ] 애

내쥬
n**ei**ge 눈

우리말의 [애]에 가까운데, 입을 더 크게 벌린다.

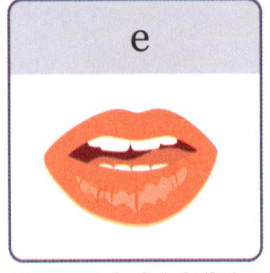

e

[ə] 으

르쏭
l**e**çon 학과

우리말의 [으]나 [어]의 중간 발음에 가깝다. 입술을 원형으로 하여 앞쪽으로 내밀면서 가볍게 발음한다.

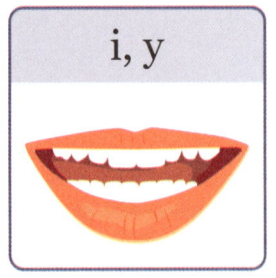

i, y

[i] 이

미디
m**i**d**i** 정오

우리말의 [이]에 가깝다. 입술을 옆으로 벌리는 기분으로 발음한다.

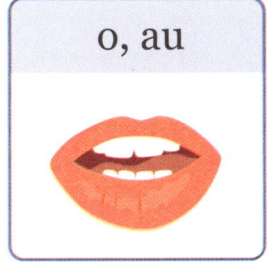

o, au
[o] 오

호즈
r**o**se 장미

우리말의 [오]에 가깝지만, 입을 더 좁히고, 더 앞으로 내밀며 발음한다.

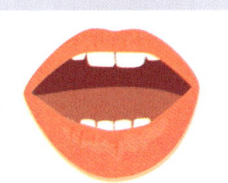

o, ô, au, eau
[ɔ] 오

오뗄
h**ô**tel 호텔

우리말의 [오]에 가까운데 입을 더 크게 벌리고 소리가 나는 곳이 더 안쪽이다.

ou, où
[u] 우

우
où 어디

우리말의 [우]에 가깝다.

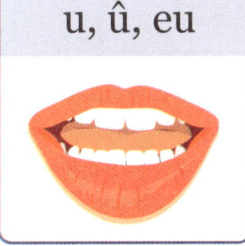

u, û, eu
[y] 위

플뤼뜨
fl**û**te 플룻, 피리

우리말의 [위]에 가깝다. 입술모양은 [u]로, 소리는 [i]로 내며, 발음 처음부터 끝까지 입술을 작고 둥글게 오무려서 발음한다.

eu, eux
[ø] 외

되
d**eu**x 2

우리말의 [외]에 가깝다. [ø]는 입모양은 [o]로, 소리는 [e]로 내며, 발음 처음부터 끝까지 입술을 오무린다.

eu, oeu
[œ] 왜

플뢰호
fl**eu**r 꽃

우리말의 [왜]에 가깝다. [œ]는 입술모양은 [ɔ]로, 소리는 [ɛ]로 내며, 발음 처음부터 끝까지 입술을 오무린다.

모음

2 비강 모음

비모음이라고도 하며, 발음시 입김이 입으로 나갈뿐만 아니라, 주로 코로 나오는 소리이다. 우리말의 [ㅇ]받침이나, 영어의 [ŋ]자음을 넣어서 발음하지 않도록 한다. 발음시 입의 모양이 시종일관 움직이지 않는다는 점에 주의해야 한다.

모음 + m, n

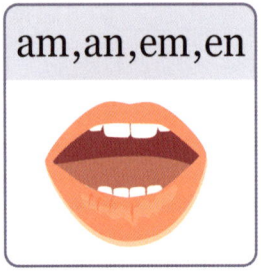

am, an, em, en [ã] 앙

앙팡
enfant 어린이

우리말의 [앙]에 가깝다.

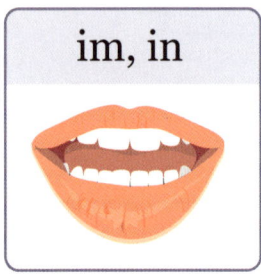

im, in [ɛ̃] 앵

쌩쁠
simple 단순한

우리말의 [앵]에 가깝다.

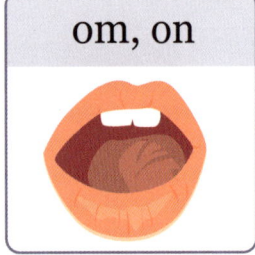

om, on [ɔ̃] 옹

봉
bon 좋은

우리말의 [옹]에 가깝다.

un, um [œ̃] 욍

빠흐팽
parfum 향수

우리말의 [욍]에 가깝다. 현대 프랑스어 발음에서 [œ̃]의 발음은 [ɛ̃]과 가까워지고 있다.

★ 비모음 다음에 자음이 겹치거나 모음이 오면 비모음은 사라진다.

옴므
• homme 남자
자음이겹침

마담
• madame 부인
모음

3 반모음

주로 모음이 약화되어 자음화한 소리로 대부분 다른 모음의 도움을 받아 소리나는 것이 특징이다.

i, u, ou ➕ 모음

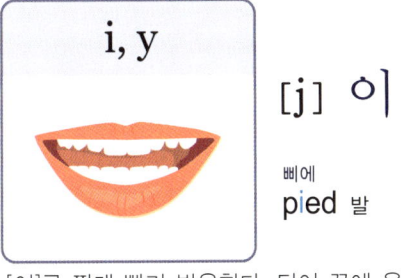

[j] 이

삐에
pied 발

[이]를 짧게 빨리 발음한다. 단어 끝에 올 때는 우리말 [으]에 가깝게 발음한다.

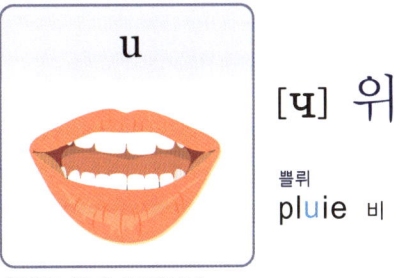

[ɥ] 위

쁠뤼
pluie 비

[위]를 짧게 발음한다.

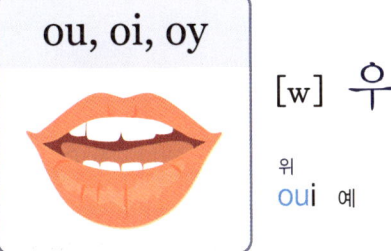

[w] 우

위
oui 예

[이]를 짧게 빨리 발음한다. 단어 끝에 올때는 우리말 [우]에 가깝게 발음한다.

★ 반모음은 학자에 따라 반자음 이라고도 한다.

모음

4 철자기호

알파벳의 상하에 붙는 철자기호에 따라 소리나 의미가 달라지므로 주의해야 한다.

형태	기호	예
에 **é** e위에만 붙는다.	´ 악쌍 때귀 accent aigu	베베 에떼 **bébé** 아기 **été** 여름
아 애 위 **à · è · ù** a, e, u위에만 붙는다.	` 악쌍 그하브 accent grave	라 매흐 **là** 저기 **mère** 어머니
아 애 이 오 위 **â · ê · î · ô · û** a · e · i · o · u 위에만 붙는다.	^ 악쌍 씨흐꽁플랙쓰 accent circonflexe	해브 일 **rêve** 꿈 **île** 섬
에 이 위 **ë · ï · ü** 연속된 두 모음이 각기 따로 발음 될 경우 두번째 모음 위에 붙는다.	¨ 트헤마 tréma	노앨 나이프 **Noël** 성탄절 **naïf** 순진한
쓰 **ç** c밑에 ͻ가 붙여져서 ç가 항상 [s] 발음임을 표시한다.	ͻ 쎄디으 cédille	싸 가흐쏭 **ça** 그것 **garçon** 소년
' 위에만 붙는다.	' 아포스트호프 apostrophe	쎄 **c'est** 이것은 ~ 이다
- 두말을 연결하거나 도치할 때 붙는다.	- 트해뒤니옹 trait d'union	에 띨 메드쌩 **Est-il médecin ?** 그는 의사인가요?

★ 악쌍은 강조의 악센트와는 관계가 없다. 다만 발음과 의미상의 차이를 위해 붙이는 철자기호이다.

이것만 알면 끝나는 모음규칙

Track 1

1. 단어 끝의 e는 발음하지 않는다.

<pre>
       호-즈   매흐
      ros<u>e</u> 장미   mère 어머니
     발음하지않음
</pre>

2. oi는 와[wa] 소리가 난다.

<pre>
       므와   와조
      moi 나   oiseau 새
</pre>

3. oin는 웽[wɛ̃] 소리가 난다.

<pre>
       꼬웽   뽀웽
      coin 구석   point 점
</pre>

4. 모음 + y ⇨ 이[j]

<pre>
      크해이용   브와이아쥬
      crayon 연필   voyage 여행
</pre>

5. 모음 + il, ille ⇨ 이[j]

<pre>
       쏠레이   빠이이
      soleil 태양   paille 짚
</pre>

6. 자음 + ille는 이이[ij] 소리가 난다. 끝에서는 짧게 '으' 소리가 난다.

<pre>
       장띠이으   파미이으
      gentille 친절한   famille 가족
</pre>

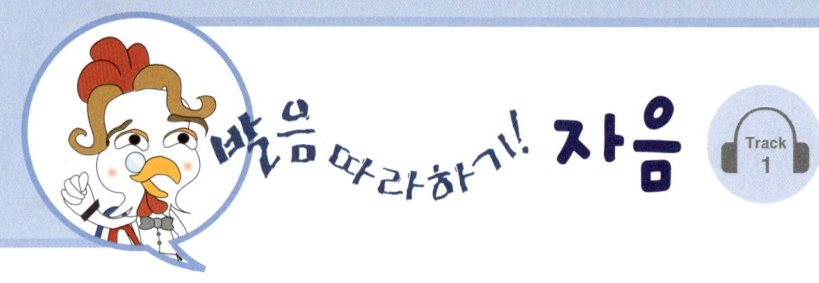

1 자음

자음은 모음의 도움을 받아 나는 소리다.
대개 성대가 울리지 않는 무성음과 울리는 유성음으로 구분된다.

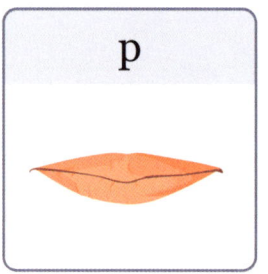

[p] ㅃ

빠빠
papa 아빠

우리말의 [ㅃ]에 가깝다.

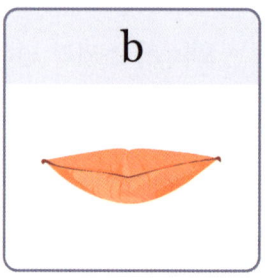

[b] ㅂ

바또
bateau 배

우리말의 [ㅂ]에 가깝다.

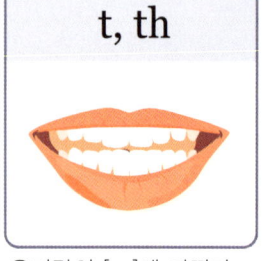

[t] ㄸ

따블르
table 식탁

우리말의 [ㄸ]에 가깝다.

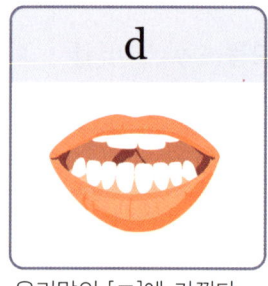

[d] ㄷ

되
deux 2

우리말의 [ㄷ]에 가깝다.

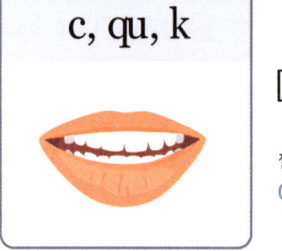

[k] ㄲ

껠
quel 어떤

우리말의 [ㄲ]에 가깝다.

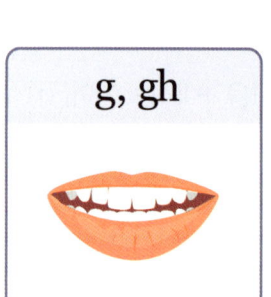

[g] ㄱ

쓰빠게띠
spaghetti 스파게티

우리말의 [ㄱ]에 가깝다.

★ 모음 + s + 모음 rose 호즈 장미
[z]로 발음함

f, ph

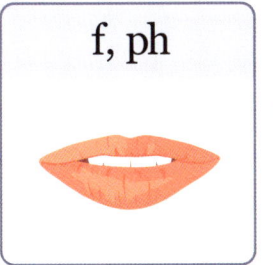

[f] ㅍ

피앙쎄
fiancé 약혼자

우리말의 [ㅍ]이나 [ㅎ]에 가깝다. 윗니를 아랫입술 안쪽에 가볍게 닿게 해서 발음한다.

v, w

[v] ㅂ

바깡쓰
vacances 휴가

우리말의 [ㅂ]에 가깝다. 윗니를 아랫입술 안쪽에 가볍게 닿게 해서 발음한다.

c, s, x, ç

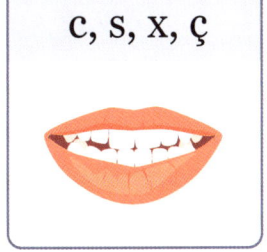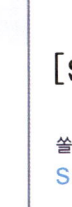

[s] ㅆ

쏠레이
soleil 태양

우리말의 [ㅆ]에 가깝다.

z, x

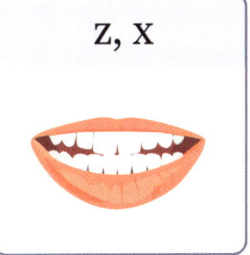

[z] ㅈ

제호
zéro 0

우리말의 [ㅈ]에 가깝다.

ch

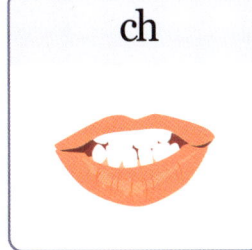

[ʃ] 슈

슈발
cheval 말

우리말 [슈]의 첫소리에 가깝다. 혀와 입천장 사이로 공기가 마찰되어 나오는 소리다.

j, ge, gy

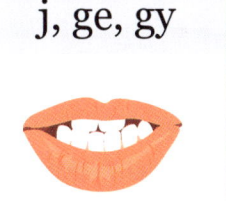

[ʒ] 쥬

죄
jeu 놀이

우리말의 [쥬]의 첫소리에 가깝다.

자음

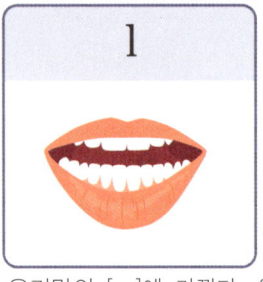

[l] ㄹ

락
lac 호수

우리말의 [ㄹ]에 가깝다. 음절 끝에 위치해도 언제나 명확하게 [ㄹ] 소리가 난다.

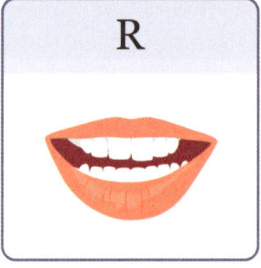

[R] ㅎ

후쥬
rouge 빨강

우리말의 [ㅎ]에 가깝게 발음하되, 혀뿌리를 입천장 위쪽까지 끌어 올리고, 혀끝은 아랫잇몸에 닿도록 내려서 발음한다.

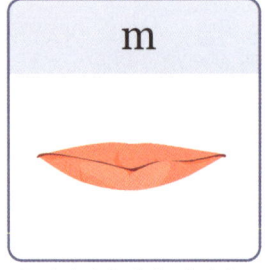

[m] ㅁ

맹
main 손

우리말의 [ㅁ]에 가깝다.
성대가 울린다.

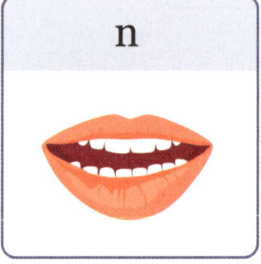

[n] ㄴ

나뛰흐
nature 자연

우리말의 [ㄴ]에 가깝다.
성대가 울린다.

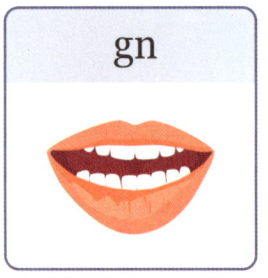

[ɲ] 니으

꼬냑
cognac 꼬냑

우리말의 [니으]에 가깝다.
성대가 울린다.

이것만 알면 끝나는 자음 규칙

1. [R]은 혀끝을 아랫니 뒷부분에 대고 혓등을 입천장 뒷부분 쪽으로 올리며 내는 소리다. 여기서는 편의상 [ㅎ]로 표기하지만 우리말의 [ㅎ]과는 다르다.
[ㄹ]을 발음할 때 혀 끝을 내리고 약하게 발음하면 비슷한 소리가 난다.

호즈   후쥬
rose 장미   rouge 빨간

2. 마지막 자음은 원칙적으로 발음되지 않는다.

블롱   꽁쌔흐
blond 금발의   concert 연주회

단 c, r, f, l, q는 대체로 발음되는 경우가 많다.

매-흐   씨앨
mer 바다   ciel 하늘

3. c, k, p, t는 r앞에서는 경음 [ㄲ, ㅃ, ㄸ]가 격음 [크, 프, 트]로 바뀐다.

트화   크해이옹
trois 3   crayon 연필

4. h는 언제나 묵음이다. 무성 h는 모음 취급하여 연독, 모음 생략 ▶ p24참조
을 하지만, 유성 h는 자음 취급하여 연독, 모음 생략이 불가능하다.

오   에호
haut 높은   héros 영웅

연독 · 모음생략 · 강세 · 억양

  Track 1

1 연독 연독은 발음되지 않는 마지막 자음이 모음이나 무성 h로 시작하는 단어와 연결되어 발음되는 현상을 말한다.

1 연독하는 경우
연독은 문법상 서로 관계가 있는 말끼리

• 관사 + (형용사) + 명사	레 장시앵 자미 les anciens amis 관사 형용사 명사	옛 친구들
• 부사 + 형용사	트해 재마블 très aimable 부사 형용사	매우 사랑스런
• 전치사 + (관사) + 명사	아 네떼 en été 전치사 명사	여름에
• 전치사 + 대명사	쉐 젤 chez elle 전치사 대명사	그녀 집에
• 숙어는 연독	빠 자 빠 pas à pas 숙어	한 걸음씩

2 연독하지 않는 경우

• 주어가 명사인 경우	쎄 떼뛰디앙 / 애 그항 Cet étudiant / est grand. 주어명사	그 학생은 키가 크다.
• 단수명사 + 형용사	왜 낭팡 / 애마블 un enfant / aimable 단수명사 형용사	사랑스런 아이
• [et] 다음	왱 리브흐 에 / 윈 쁠륌 un livre et / une plume	책과 펜촉
• 유성의 h 앞	레 / 에호 les / héros	영웅들
• oui 앞	매 / 위 mais / oui	물론이죠.

3 연독할 때의 발음의 변화

s, x → [z]	d → [t]	g → [k]
데 자미 des amis 친구들	왱 그항 따흐브흐 un grand arbre 큰 나무	롱 끼배흐 long hiver 긴 겨울

2 모음 생략

모음이 서로 만날 경우 앞의 약한 모음을 생략하고 아포스트호프 [']를 붙인다.

구분	형태	예
le, la ⋯ l'	Le homme ⋯ L'homme	롬므 애 땅 호조 빵상 L'homme est un roseau pensant. 인간은 생각하는 갈대이다.
du, de la ⋯ de l'	de la eau ⋯ de l'eau	쥬 브와 드 로 Je bois de l'eau. 나는 물을 마신다.
je, me, te, se ⋯ j', m', t', s'	Je ai ⋯ J'ai	줴 왜 나미 J'ai un ami. 나에게는 친구가 있다.
ce ⋯ c'	Ce est ⋯ C'est	쌔 싸 C'est ça. 그건 그래요.
que ⋯ qu'	Que est ⋯ Qu'est	깨 스 고 쌔 Qu'est-ce que c'est ? 이것은 무엇입니까?
de ⋯ d'	de affaire ⋯ d'affaire	쌔 땅 놈므 다패흐 C'est un homme d'affaire. 이 사람은 사업가이다.
ne ⋯ n'	ne est ⋯ n'est	쓰 내 빠 브해 Ce n'est pas vrai. 그것은 사실이 아니다.
si ⋯ s'	si ⋯ s'	씰 부 쁠래 S'il vous plaît ! 부탁합니다.

★ [si]는 [il, ils]앞에서만 생략한다.

연독·모음생략·강세·억양

3 강세

1 한 단어   발음되는 마지막 모음에 강세

마담
Mada**me** 부인

위니배흐씨떼
université 대학

2 구나 절   마지막 음절

쥬 꽁프항 비앵
Je comprends **bien**.   저는 잘 이해합니다.

알레
Allez !   가세요!

알레지 비뜨
Allez-y **vite** !   빨리 거기에 가세요!

3 감정이나 의사   첫 음절

빠흐패
Parfait ! 완벽해요.

포흐미다블
Formidable !   멋져요!

4 억양

개개의 발음이나 음절의 발음뿐만이 아니라, 문장 전체의 억양과 리듬에도 주의해야 한다. 바른 억양은 바른 발음을 하는 지름길이고, 회화에서도 소홀히 하지 않아야 한다.

1 평서문 억양   상승조와 하강조로 이루어짐

쥬 배 자 빠히 라 쓰맨 프흐셴
Je vais à Paris la semaine prochaine.   다음 주에 파리에 갑니다.

2 의문문 억양

• 의문사가 있으면 평조, 하강조

깨 스 끄 쌔
Qu'est-ce que c'est ?   이것은 무엇입니까?

• 의문사가 없으면 상승조

부   재메   빠히
Vous aimez Paris ?   파리를 좋아하세요?

3 명령문 억양   하강조, 명령을 전하는 단어에 강세가 옴

우브호   라   프내트호
Ouvre la fenêtre !   창문을 여세요.

4 감탄문 억양   상승조, 하강조 둘 다 가능

꼬망
Comment ?   뭐라고?

깰   샬래흐
Quelle chaleur !   정말 더운 날씨군요.

Français

기본문장

01 인사하기

Bonjour ! 안녕하세요! 낮
봉쥬흐

Bonsoir ! 안녕하세요! 저녁
봉쓰와흐

Au revoir ! 안녕히 가세요! 헤어질 때
오　흐브와흐

❶ 기본적인 인사

아침부터 낮무렵까지 만날 때 하는 인사는 Bonjour ! 봉쥬흐이다. 저녁 때 하는 인사는 Bonsoir ! 봉쓰와흐이다. 헤어질 때는 주로 Au revoir ! 오 흐브와흐 라고 한다.

❷ 경칭

남성에 대해서는 Monsieur ! 므씨외, 이미 결혼한 여성에게는 Madame ! 마담, 결혼하지 않은 여성에게는 Mademoiselle ! 마드므와젤이라고 인사말 뒤에 붙이면 경칭이 된다.

> 예 Bonjour, Monsieur !　안녕하세요!
> 　　봉쥬흐　　므씨외

이러한 경칭은 격식을 차리는 자리나 친분이 없는 경우에 사용하며, 친한 경우에는 바로 이름을 붙여 인사 한다.

> 예 Au revoir, Eric !　잘가, 에릭!
> 　　오　흐브와흐　에힉

> 친한 사이에서는 만날 때나 헤어질 때 Salut ! 쌀뤼 라고도 한다. 헤어질 때, 낮에는 Bonne journée 본 쥬흐네, 저녁에는 Bonne soirée 본 쓰와헤 라고도 한다.

02 묻기-긍정답변

A: Est-ce que vous êtes Coréen ? (↗) 당신은 한국인입니까?
애 스 끄 부 재뜨 꼬해앵

B: Oui, c'est ça. 예, 그렇습니다.
위 쌔 싸

❶ Est-ce que 애 스 끄

Est-ce que 애 스 끄가 평서문 앞에 놓이면 의문문이 된다. 의문문을 만들 때에는 주어와 동사를 도치하거나 평서문 끝을 올리면 되는데, Est-ce que를 평서문 앞에 붙이는 것이 무난하다.

❷ Vous êtes 부 재뜨

당신은 ~입니다 라는 뜻이다. 프랑스어는 동사를 주어에 따라 활용한다.
동사 être 애뜨흐이다, 있다가 주어 vous 당신와 만나 êtes 재뜨라는 형태로 쓰인다.

▶ p.67 être 애뜨흐의 현재형
▶ 문법편 p.8 주어 인칭대명사 참고

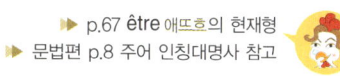

❸ Oui, c'est ça 위 쌔 싸

Oui, c'est ça 위 쌔 싸 예, 그렇습니다 는 상대방이 물어본 것에 대해서 긍정할 때 쓰는 표현이다. 긍정 의문에 대해 긍정할 때는 Oui. 위 예 라 하고, 부정 의문에 대해 긍정할 때는 Si 씨 예 라 한다.

> 프랑스어에서는 묵음이던 끝자음이 뒤의 모음과 만나 발음하는 현상 연독이 있다.
> Vous ête 부 애뜨 라고 하지 않고 반드시 부 재뜨라고도 한다.

03 묻기- 부정답변

A: Vous êtes Japonais ? 당신은 일본인입니까?
　　부　　재뜨　쟈뽀내

B: Non, je ne suis pas Japonais. 아니오, 저는 일본인이 아닙니다.
　　농　쥬　느　쒸　빠　쟈뽀내

❶ Vous êtes Japonais ? 부 재뜨 쟈뽀내

상대방을 지칭할 때 vous 부 당신 과 tu 뛰 너가 있다. vous는 격식을 차리는 사이나 웃어른 혹은 상대방이 여러명일 때 쓰며, tu는 가족·친구·연인 사이에 쓰는 친밀한 호칭이다.

Vous 부	당신
Tu 뛰	너

평서문 끝을 올려 의문문을 만들기도 한다. 앞에서 나온 Est-ce que vous êtes Coréen ? 보다는 격식을 덜 갖춘 표현으로 구어체에서 자주 쓰인다.

❷ Non, je ne suis pas Japonais. 농 쥬 느 쒸 빠 쟈뽀내

긍정 의문이건, 부정 의문이건 부정으로 답할 때에는 Non 아니오 을 쓴다.
그리고 부정문은 동사의 앞에 ne, 뒤에 pas를 붙인다.

ne + 동사 + pas  ~이 아니다

감탄부호(!)나 의문부호(?)는 앞의 단어와 한 칸 띄어 쓴다.

04 사물

Il y a un livre français. 여기에 프랑스어 책이 있습니다.
일 이 아 왱 리브흐 프항쌔

Voilà un livre français. 여기에 프랑스어 책이 있습니다.
브왈라 왱 리브흐 프항쌔

❶ Il y a 일 이 아

Il y a ~이 있습니다는 단수나 복수 구별없이 쓴다.

❷ Voilà 브왈라

voilà는 ~가 있습니다라는 뜻이다. 가까운 것에는 voici 브와씨 여기에 ~가 있습니다, 먼 것에는 voilà 브왈라 저기에 ~가 있습니다를 쓴다.

예) **Voici un livre et voilà un cahier.** 여기에 책이 있고, 저기에 공책이 있다.
브와씨 왱 리브흐 에 브왈라 왱 까이에

❸ un livre français 왱 리브흐 프항쌔

명사 앞에는 대부분 관사가 붙는다. 또한 명사에는 남성과 여성이라는 [성]과 단수와 복수라는 [수]가 있다. 여기서 un 어느, 어떤은 남성 단수를 나타내는 부정관사로, livre 책 가 남성단수 명사임을 알 수 있다.

▶ 문법편 p.4 부정관사 참고

 Il y a, voilà 뒤에는 반드시 관사가 온다.

05 묻기- 의문부사

A: Où vas-tu ? 너 어디 가니?
　　우　바　뛰

B: Je vais à l'école. 학교에 가.
　　쥬 배　자 레꼴

❶ Où vas-tu 우 바 뛰

Où 어디는 장소를 묻는 의문부사이다. Où 다음에는 [동사 + 주어]로 도치를 한다.
같은 뜻으로 Où est-ce que tu vas ? 우 에스 끄 뛰 바 라고도 한다

❷ vas-tu 바 뛰　je vais 쥬 배

vas-tu에서 vas는 동사 aller 알레 가다. 지내다 의 활용형으로 주어가 tu일때의 형태이다.
vais는 동사 aller의 주어가 ju일때의 형태이다.

▶ p.47 aller의 활용 참조

❸ à l'école 아 레꼴

à ~에,~에서,~로 는 방향을 나타내는 전치사며, l'école 레꼴 은 la 라 와 école 에꼴 의 축약 형태이다. 프랑스어에서는 모음 충돌을 피하기 위하여 약하게 소리나는 모음을 생략하는 것이 필수적이다.

▶ p.94 관사의 축약 참조

> 동사는 활용을 하므로, 주어에 따라 동사의 형태가 변한다. 그러므로, 기본동사는 나올 때마다 암기해두는 것이 좋다.

06 묻기-사물

A: Qu'est-ce que c'est ? 이것은 무엇입니까?
    깨   스 끄 쌔

B: C'est le livre de Paul. 그것은 뽈의 책입니다.
    쌔   르 리브흐 드 뽈

❶ Qu'est-ce que c'est 깨 스 끄 쌔

Qu'est-ce que c'est ?는 이것은 무엇입니까? 라는 뜻이며, 복수에 대한 질문도 같은 형태이다.

1 **Qu'est-ce que** + 주어 + 동사

   Qu'est-ce que 무엇 다음에는 [주어 + 동사]의 어순이 된다.

2 **C'est** 쌔

   C'est는 Ce est의 축약 형태로서 이것은(저것은, 그것은) ~입니다 라는 뜻이다.
   Ce sont 쓰 쏭은 이것들은(저것들은, 그것들은) ~입니다 라는 뜻으로 복수를 나타낸다.

   예 **Ce sont des livres coréens.** 이것들은 한국어 책들입니다.
       쓰 쏭   데 리브흐 꼬헤앵

❷ le livre de Paul 르 리브흐 드 뽈

le livre de Paul은 뽈의 책 이라는 뜻이다. le는 정관사로 남성 단수를 나타내고, de는 ~의 라는 뜻으로 소유를 나타낸다..

c'est 뒤에도 voici, voilà와 마찬가지로 반드시 관사가 온다.

07 묻기 – 신분

A: Qui est-ce ?
끼 애 스

B: C'est Sophie, la soeur de Paul.
쌔 쏘피 라 쐐흐 드 뽈

이분은 누구입니까?

뽈의 누이인 쏘피입니다.

❶ Qui est-ce ? 끼 애 스

Qui 누구 다음에는 주어+동사가 도치된다. Qui est-ce ?는 이분은 누구입니까? 라는 뜻이며, 복수를 묻더라도 변화하지 않는다. 앞에 나온 Qu'est-ce que c'est ? 깨 스 끄 쌔가 사물을 묻는 것에 비해 Qui est-ce ?는 사람의 신분을 물을 때 쓴다.

Qui + 동사 + 주어 ? 사람을 물을 때

❷ Sophie, la soeur de Paul 쏘피 라 쐐흐 드 뽈

Sophie = la soeur de Paul 동격

Sophie, la soeur de Paul은 뽈의 누이인 쏘피 라는 뜻이다. Sophie와 la soeur de Paul은 동격 관계다. la는 여성 단수를 나타내는 정관사이다.

> 예 **C'est Madame Dubois, la mère de Paul.**
> 쌔 마담 뒤브와 라 매흐 드 뽈
> 이분은 뽈의 어머니인 뒤브와 부인입니다.

C'est 쌔 는 사람이나 사물 모두 받을 수 있다. 사람을 받을 때는 이(그) 사람은 ~입니다 라는 뜻이다.

08 묻기 - 이름

A: Comment vous appelez-vous ?   성함이 어떻게 되십니까?
　　꼬망　　부　자쁠레　부

B: Je m'appelle Sophie.   제 이름은 쏘피입니다.
　　쥬　마뺄　　쏘피

❶ Comment vous appelez-vous ? 꼬망 부 자쁠레 부

성함이 어떻게 되십니까?라는 뜻으로 친한 사이에는 **tu t'appelles** 뛰 따뻴을 쓴다. 이 때의 **Comment** 어떻게은 주로 방법과 태도를 묻는 부사이다.

　예　**Comment t'appelles-tu ?**　네 이름이 뭐니?
　　　　꼬망　　따뻴　　뛰

vous appelez-vous ?는 vous vous appelez의 도치 형태이다.
s'appeler 싸쁠레는 이름이 ~이다 의 뜻이다.

❷ Je m'appelle 쥬 마뺄

Je m'appelle은 내 이름은 ~이다라는 뜻이다. m'appelle은 [me + appelle]의 줄임말로 여기서 me는 주어 Je 나 의 재귀 대명사이다.

인칭대명사	재귀대명사	인칭대명사	재귀대명사
je 쥬	me 므	nous 누	nous 누
tu 뛰	te 뜨	vous 부	vous 부
il 일　elle 엘	se 쓰	ils 일　elles 엘	se 쓰

⇨ me, te, se는 모음으로 시작되는 말 앞에서는 m', t', s' 가 된다.

09 제안

A: Voulez-vous danser avec moi ?   저와 함께 춤을 추시겠습니까?
불레 부 당쎄 아배끄 므와

B: D'accord !   좋습니다.
다꼬흐

❶ Voulez-vous danser ? 불레 부 당쎄

Voulez-vous danser ?는 춤추기를 원하십니까?라는 뜻이다.
Voulez는 vouloir 불르와흐 원하다 의 활용 형태이다.

예) Tu veux une cigarette ?   담배 하나 줄까(원하니)?
뛰 뵈 윈 씨가해뜨

❷ avec moi 아배끄 므와

avec moi는 나와 함께의 뜻이다. moi는 Je 나의 강세형 인칭대명사로 전치사 뒤에 놓이거나 다른 문장 성분을 강조할 때 쓰인다.

▶ 문법편 p.8 주어 및 강세형 인칭대명사 참조

❷ D'accord ! 다꼬흐

D'accord !는 동감이다, 좋다 라는 뜻이다. 일상 회화에서 자주 쓰이는 표현이다.

예) Tu viens avec nous ?   우리와 같이 갈래? … D'accord !   좋아.
뛰 비앵 아배끄 누   다꼬흐

D'accord ! 다꼬흐 는 상대방의 초대, 제안 혹은 의견에 대해서 동의를 표시할 때 쓰며, 구어체에서는 D'acc ! 닥 으로 줄여 말하기도 한다.

10 목적어

A: Qu'est-ce que tu vas donner à Léa ?
   깨   스 끄 뛰 바 도네   아 레아
   너 레아에게 무엇을 줄거니?

B: Je vais lui donner un livre.
   쥬 배 뤼 도네   왱 리브흐
   나는 그녀에게 책을 줄거야.

❶ tu vas donner 뛰 바 도네

1 [가까운 미래] tu vas donner 너는 줄 것이다 는 가까운 미래를 표현할 때는
   aller + 동사원형 부정법 형태를 쓴다.

   앨 바 브니흐 이씨
   예 Elle **va** venir ici.   그녀는 여기에 올 것이다.
      └─ aller의 3인칭 단수형

2 donner는 목적어를 2개 ~에게와 ~을를 취하는 동사, lui는 문장에 따라 그에게
   또는 그녀에게라는 뜻이다.

       뛰 바   도네   쓰 리브흐   아 뽈
   예 Tu vas donner ce livre à Paul ?   너는 이 책을 뽈에게 줄거니?
              직접목적보어 책을   뽈에게 간접목적보어

   → Oui, je vais lui donner ce livre.   그래, 나는 이 책을 그에게 줄 거야.
      위 쥬 배 뤼 도네   쓰 리브흐

❷ à Lé 아 레아

à Léa는 레아에게 라는 뜻으로 이 때의 à는 ~에게의 뜻이다.

간접 목적보어 인칭대명사로 쓰이는 lui 뤼 그녀에게, 그 남자에게 와 강세형 인칭대명사
로 쓰이는 lui 뤼 그 (남자) 를 구별해야 한다.

Français

본문

01 안녕하세요, 아가씨!
Bonjour, Mademoiselle !

Situation ①

Monsieur

Bonjour, Mademoiselle !
봉쥬흐　　마드므와젤

Mademoiselle

Bonjour, Monsieur !
봉쥬흐　　므씨외

Comment allez-vous ?
꼬망　　딸레　부

Je vais très bien, merci. Et vous ?
쥬　배　트해　비앵　매흐씨　에　부

Bien, merci.
비앵　매흐씨

Situation ②

Paul

Bonsoir, Sophie !
봉쓰와흐　　쏘피

Sophie

Bonsoir, Paul !
봉쓰와흐　　뽈

Comment vas-tu ?
꼬망　　바　뛰

Très bien, merci. Et toi ?
트해　비앵　매흐씨　에　뜨와

Bien, merci.
비앵　매흐씨

Leçon 01

Situation ①

아저씨	안녕하세요, 아가씨!	
아가씨	안녕하세요, 아저씨!	
아저씨	어떻게 지내십니까?	
아가씨	매우 잘 지냅니다, 감사합니다. 당신은요?	
아저씨	잘 지냅니다, 감사합니다.	

- bonjour [m.]   안녕하세요 낮
- Mademoiselle [f.]   아가씨, ~양
- Monsieur [m.]   아저씨, ~님
- comment   어떻게
- vais, vas, allez   지내다, 가다 [원] aller
- vous   당신, 당신들
- je   나

Situation ②

뽈	안녕, 쏘피!	
쏘피	안녕, 뽈!	
뽈	어떻게 지내니?	
쏘피	매우 잘 지내, 고마워. 넌?	
뽈	잘 지내, 고마워.	

- très   매우
- bien   잘
- merci [m.]   감사, 감사합니다
- et   그리고
- bonsoir [m.]   안녕하세요 저녁
- tu   너
- toi   너 강세형인칭대명사

01

Situation ③

Paul

Salut, Marie !
쌀뤼　　마히

Marie

Salut, Paul !
쌀뤼　　뽈

Ça va?
싸　바

Oui, ça va bien, merci. Et toi ?
위　　싸　바　비앵　　매흐씨　　에　뜨와

Pas mal, merci.
빠　　말　　매흐씨

Situation ④

Sophie

Tiens ! Salut, Jean !
띠앵　　　쌀뤼　　쟝

Jean

Salut, Sophie !
쌀뤼　　쏘피

Comment ça va ?
꼬망　　　싸　바

Ça va bien, merci. Et toi ?
싸　바　비앵　　매흐씨　　에　뜨와

Comme ci comme ça.
꼼　　씨　꼼　　싸

Leçon 01

Situation ③

뽈	안녕, 마리!
마리	안녕, 뽈!
뽈	잘 지내니?
마리	응, 잘 지내, 고마워, 넌?
뽈	나쁘지 않아, 고마워

- **salut** m.   안녕
- **va**   지내다, 가다 원 aller
- **pas mal**   나쁘지 않다

Situation ④

쏘피	어머! 안녕, 쟝!
쟝	안녕, 쏘피!
쏘피	어떻게 지내니?
쟝	잘지내, 고마워. 넌?
쏘피	그저 그래.

- **tiens**   어머나, 설마
- **Comme ci comme ça.**   그저 그래

Actes de parole

여러가지 인사 표현

1 만날 때 인사하기

낮
Bonjour !
봉쥬흐
안녕(하세요)?

밤
Bonsoir !
봉쓰와흐
안녕(하세요)?

친한 사이에
Salut !
쌀뤼
안녕!

2 안부 묻기 - 대답하기

A: **Comment allez-vous ?**
꼬망 딸레 부
어떻게 지내십니까?

B: **Je vais très bien, merci.**
쥬 배 트해 비앵 매흐씨
매우 잘 지냅니다.

A: **Comment vas-tu ?**
꼬망 바 뛰

Comment ça va ?
꼬망 싸 바

Ça va ?
싸 바
어떻게 지내?

B: **Ça va bien, merci.**
싸 바 비앵 매흐씨
잘 지내.

A: **Et vous ?** 당신은요?
에 부

Et toi ? 년?
에 뜨와

B: **Bien, merci.** 잘 지내.
비앵 매흐씨

Comme ci comme ça. 그저 그래요.
꼼 씨 꼼 싸

merci.
매흐씨
고맙습니다.

Je vous en prie.
쥬 부 장 프히
천만에요.

01 Comment allez-vous ? / Comment vas-tu ? 어떻게 지내?
꼬망   딸레 부   꼬망   바 뛰

aller 가다·지내다 동사는 원래 **가다**의 뜻이지만 여기서는 **지내다**의 뜻으로 쓰였다.
allez-vous ? 와 vas-tu ? 는 주어와 동사가 도치된 의문 형태다. 문장앞에 Comment 어떻게 라는 의문 부사 의문사 가 오면 **동사 + 주어**의 형태로 도치된다.

Comment 어떻게   방법이나 태도를 묻는 의문부사이다.

vous 당신, 당신들   윗사람이나 격식을 차려야 하는 상대, 상대방이 여러 명일 경우

tu 너   친하거나 가족 사이, 친구 사이

> 앞에서도 말했지만, 프랑스어는 주어에 따라 동사가 변화하는데, 규칙적으로 변하는 것과 불규칙적으로 변하는 동사가 있다.

규칙적으로 변하는 동사들은 이후 차근차근 학습하기로 하고 이번 과에서는 불규칙동사 중 꼭 알아두어야 할 aller에 대해 알아두도록 하자.

★aller의 활용   ≫자주 사용되는 동사이므로 활용형을 꼭 외워두도록 하자.

je 쥬	vais 배	나는 간다	nous 누	allons 잘롱	우리는 간다
tu 뛰	vas 바	너는 간다	vous 부	allez 잘레	당신(들)/너희 들은 간다
il/elle 일/앨	va 바	그/그녀 는 간다	ils/elles 일/앨	vont 봉	그/그녀 들은 간다

예) Où allez-vous ?   어디에 가십니까?
우 알레 부

쉽게 이해되는 해설

02 Ça va ? / Comment ça va ?   어떻게 지내?
싸 바   꼬망   싸 바

Ça va ?처럼 의문사가 없는 의문문에 대해서는 반드시 Oui 예나 Non 아니오을 사용하여 대답한다. 반면에, Comment ça va ? 같이 의문사가 있는 의문문에 대해서는 Oui 예나 Non 아니오으로 대답하지 않는다.

○ Comment ça va ?는 Ça va ?처럼 비교적 친한 경우에 사용하는 인사말이다.

예   Ça va ?   잘 지내? …▶   Oui, ça va.   그래, 잘 지내.
싸 바   위 싸 바

03 Et toi ? / Et vous ?   당신은요? / 넌?
에 뜨와   에 부

접속사 et의 앞/뒤에는 강세형 인칭대명사를 쓴다. 주어인칭대명사는 문장의 주어로 쓰이며, 강세형 인칭대명사는 전치사 뒤나 et의 앞/뒤, 기타 다른 문장 성분을 강조할 때 쓰인다.

인칭대명사

주어 인칭 대명사				강세형 인칭 대명사			
je 쥬	나	nous 누	우리	moi 므와	나	nous 누	우리
tu 뛰	너	vous 부	당신(들)	toi 뜨와	너	vous 부	당신(들)
il 일	그	ils 일	그들	lui 뤼	그	eux 외	그들
elle 앨	그녀	elles 앨	그녀들	elle 앨	그녀	elles 앨	그녀들

예   ○ avec moi   나와 함께   ✗ avec je   나와 함께
아베끄 므와   아베끄 쥬

○ avec는 전치사이므로 je가 아니라 moi를 써야한다.

04 Comme ci comme ça.   그저 그렇다.
꼼 씨 꼼 싸

Comme ci comme ça는 그저 그렇다 라고 말할 때 쓰인다. 이외에 그럭저럭, 그런대로의 뜻이 있다.

1 만날 때 하는 인사

(Tiens,) 띠앵	bonjour ! 봉쥬흐	Comment allez-vous ? 꼬망 딸레 부
	bonsoir ! 봉쓰와흐	Comment ça va ? 꼬망 싸 바

안녕(하세요)? 낮
안녕(하세요)? 밤

어떻게 지내십니까?
어떻게 지내니?/지내요?

2 친한 사이에 만날 때 하는 인사

(Tiens,) salut, André.
띠앵 쌀뤼 앙드레

Comment ça va ?
꼬망 싸 바

Ça va ?
싸 바

(이봐) 안녕, 앙드레.

어떻게 지내니?
잘 지내니?

Ça va ?
싸 바
잘 지내니?

3 안부 묻기에 대한 대답

Ça va bien,
싸 바 비앵

(merci).
매흐씨

Et vous ?
에 부

(Très) bien
트해 비앵

Et toi ?
에 뜨와

잘 지냅니다.   (고맙습니다.)
(매우) 잘 지내. (고마워.)

당신은요?
너는?

Culture Française 프랑스의 상징

프랑스를 상징하는 것에는 어떤 것들이 있을까요?

프랑스 상징

국기인 삼색기 - **Le drapeau tricolore**
르 드라쁘 트히꼴로흐

프랑스 민족의 상징 수탉 - **Le coq**
르 콕

관광명소의 하나인 에펠탑 - **La Tour Eiffel**
라 뚜흐 애펠

프랑스?? 먹는 건가?

예술가의 나라?

저요! 프랑스하면 제가 알아요. 국기인 삼색기가 있어요.

프랑스하면 저 마리여요~

마리가 잘 알고 있네요. 삼색기는 프랑스의 대혁명으로 부터 시작되었답니다. 그럼, 삼색기에 대해 자세히 알아볼까요.

① 삼색기

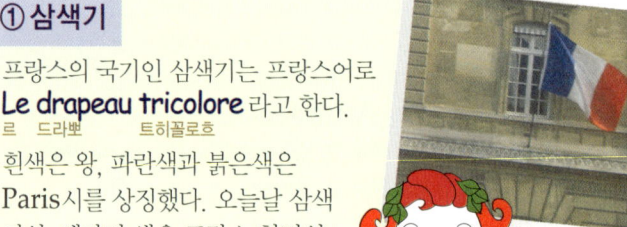

프랑스의 국기인 삼색기는 프랑스어로 **Le drapeau tricolore** 라고 한다.
르 드라쁘 트히꼴로흐

흰색은 왕, 파란색과 붉은색은 Paris시를 상징했다. 오늘날 삼색기의 세가지 색은 프랑스 혁명의 3대 이념인 자유, 평등, 형제애를 뜻한다.

② 수탉

우리의 조상이면서 프랑스의 또다른 상징인 수탉에 대해 알아봅시다. **Gallus** 갈루스 라는 단어는 라틴어로 '닭'과 'Gaule 골족의 것' 이라는 두가지 의미가 있어요.

몇몇의 고대 동전들의 표면에는 닭이 새겨져 있는데, 점차로 프랑스 민족의 상징으로 인식되었답니다. 수탉은 희망과 믿음을 상징하지요.

난 치킨이 더 좋은데~

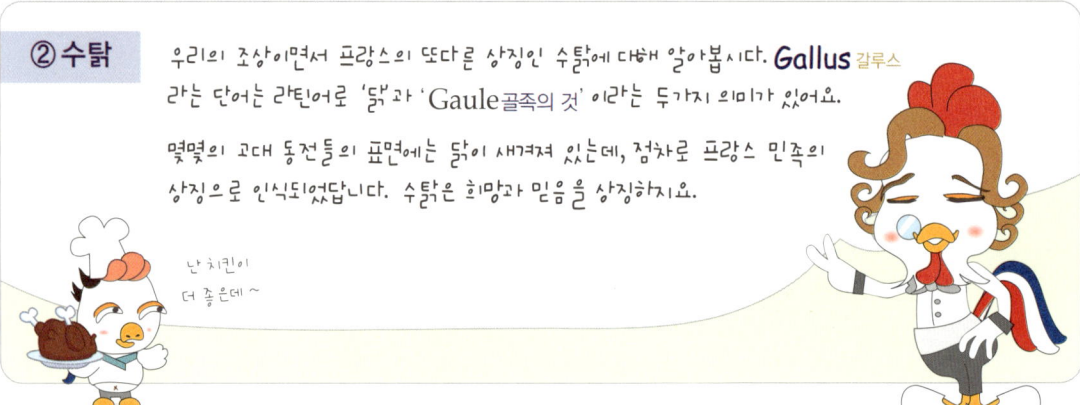

프랑스는 국토가 기하학적 형태로 육각형이라서 L'Hexagone 랙그자곤이라고도 불려요.

그리고 국가인 La Marseillaise 라 마흐쌔이애즈도 잘 알려져 있고, 또 프랑스 혁명을 상징하는 여인 Marianne 마히안도 유명합니다.

맞아요~ 마리가 잘 알고 있군요. 마지막으로 1889년 프랑스의 건축가 Gustave Eiffel 귀스타브 에펠이 프랑스 혁명 100주년과 만국 박람회를 기념해서 건축한 에펠탑에 대해 공부해요.

③ 에펠탑

높이 307m의 에펠탑은 건립 당시에는 언론인과 지식인들의 거센 반발에 부딪혀 한 때 철거될 위기에 놓이기도 했다.

탑에는 3개의 전망대가 있으며, 엘리베이터를 이용해 탑꼭대기의 전망대까지 올라갈 수 있다.

La Tour Eiffel 라 뚜흐 애펠

1층에는 철거를 주장했던 사람 중 한 명인 작가 모파상이 자주 와서 식사를 하던 레스토랑도 있답니다.

와~~ 선생님 그럼 우리도 그 레스토랑에서 먹을 수 있는 거죠~

02

제 이름은 뽈 뒤랑입니다.
Je m'appelle Paul Durand.

Situation ①

Paul

Je m'appelle Paul Durand.
쥬   마뺄   뽈   뒤항

Comment vous appelez-vous ?
꼬망   부   자쁠레   부

Ha-na

Moi, je m'appelle Kim Ha-na.
므와 쥬 마뺄   김   하 나

Je suis content de vous rencontrer, Mademoiselle.
쥬 쒸   꽁땅   드 부   항꽁트헤   마드므와젤

Moi aussi.
므와 오씨

Situation ②

Paul

Je m'appelle Paul. Tu t'appelles comment ?
쥬   마뺄   뽈   뒤 따뺄   꼬망

Cécile

Je m'appelle Cécile.
쥬   마뺄   쎄씰

Enchanté.
앙샹떼

Enchantée.
앙샹떼

Leçon 02

Situation ①

➡ 뽈　　저는 뽈 뒤랑이라고 합니다.
　　　　당신의 성함은 무엇입니까?

　하나　저요, 저는 김 하나라고 합니다.

　뽈　　만나뵙게 되어 반갑습니다. 아가씨.

　하나　저도요.

- **je m'appelle**　　　나의 이름은 ~이다
- **vous vous appelez**　당신의 이름은 ~이다
- **suis**　　　　　　　~이다
　　　　　　　　　　　원 être 영어의 be동사

➡ être 의 활용 – p67참고

- **content(e)**　　만족한
- **rencontrer**　　만나다
- **aussi**　　　　또한, 역시

Situation ②

➡ 뽈　　나는 뽈이야. 너는 이름이 뭐니?

　쎄실　나는 쎄실이라고 해.

　뽈　　반갑다.

　쎄실　반가워.

- **tu t'appelles**　　너의 이름은 ~이다
　　　　　　　　　　원 s'ppeler
- **enchanté(e)**　　기쁜, 반가운

02

Situation ③

Monsieur

Eh bien, au revoir, Madame !
에 비엥   오   흐브와흐   마담

Madame

Au revoir, Monsieur !
오   흐브와흐   므씨외

Bonne journée !
본   쥬흐네

A bientôt !
아 비앵또

Situation ④

Sophie

Salut, Pierre !
쌀뤼   삐애흐

Pierre

A demain, Sophie !
아 드맹   쏘피

A demain. Bonne soirée !
아 드맹   본   쓰와헤

Toi aussi.
뜨와 오씨

Leçon 02

Situation ③

아저씨	그럼, 다시 뵙겠습니다, 부인!	
부인	안녕히 가세요!	
아저씨	좋은 하루 보내세요.	
부인	조만간에 다시 뵙도록 하죠.	

- eh bien — 자, 그럼
- revoir m. — 재회, 통 다시 보다
- Madame f. — 부인
- journée f. — 하루
- bientôt — 곧, 조만간

Situation ④

쏘피	잘가, 삐에르!	
삐에르	내일 봐, 쏘피!	
쏘피	내일 봐! 저녁 잘 보내!	
삐에르	너도!	

- salut m. — 안녕
- demain m. — 내일
- soirée f. — 저녁

Actes de parole

이름 말하기 · 인사   Track 7

1 이름 묻고 말하기

Comment vous appelez-vous ?
꼬망 부 자뻘레 부
당신의 성함은 무엇입니까?

Je m'appelle Marie Martin.
쥬 마뺄 마히 마흐땡
제 이름은 마리 마르땡이라고 합니다.

A: **Tu t'appelles comment ?**
뛰 따뺄 꼬망
너의 이름은 뭐니?

B: **Pierre.**
삐애흐
삐에르야.

2 반갑다고 말하기

Je suis enchantée de vous rencontrer.
쥬 쒸 앙샹떼 드 부 항꽁트헤
만나뵙게 되어서 반갑습니다

Enchanté !
앙샹떼
반갑습니다.

3 헤어질 때 인사

Au revoir.   안녕히 계세요.
오 흐브와흐

A bientôt.   조만간 또 만나요.
아 비앵또

A demain.   내일 봐.
아 드맹

Salut.   안녕.(친한 사이에)
쌀뤼

01 Je m'appelle Paul Durand.
쥬 마뺄 뽈 뒤항

제 이름은 뽈 뒤랑입니다.

Je m'appelle은 저의 이름은 ~입니다라는 뜻으로, 자신의 이름을 말할 때 사용한다. 상대방의 이름을 물을 때는 의문문을 사용한다.
평서문의 끝을 올리거나 주어 + 동사를 도치시키는 두 가지 방법이 있다.

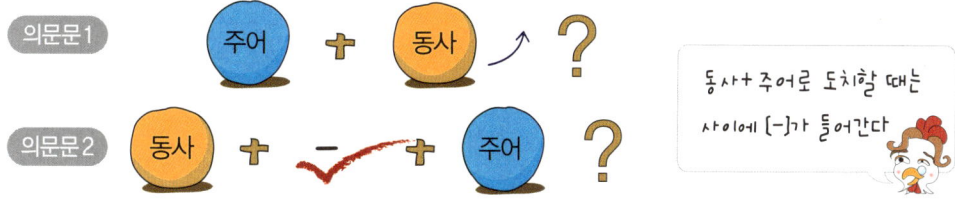

동사+주어로 도치할 때는 사이에 [-]가 들어간다

의문문 만들기

	어순	예문
① 평서문 끝을 올려 만드는 의문문	주어 + 동사 ? ↗	Tu vas à l'école ? ↗ 뛰 바 아 레꼴 너는 학교에 가니?
② 도치 의문문	동사 + - + 주어 ?	Comment vous appelez-vous ? 꼬망 부 자쁠레 부 당신의 성함은 무엇입니까?

예) 부 잘레 비엥
Vous allez bien ? 잘 지내십니까?
주어 동사

꼬망 바 뛰
Comment vas-tu ? 어떻게 지내니?
동사-주어

02 형용사의 성과 수

형용사의 남성형에 [e]를 덧붙이면 여성형이 된다. 이때 단어 끝의 자음이 여성형에서는 발음되기도 한다. 복수형은 단수형에 [s]를 덧붙인다.

쉽게 이해되는 해설

남성단수 + e = 여성단수

남성	여성	뜻
enchanté 앙샹떼	enchantée 앙샹떼	반가운
heureux 외해	heureuse 외해즈	행복한

○ heureux는 어미가 [x] ⇨ [s]로 바뀌면서 [e]가 붙는다.

03 Au revoir !
오 흐브와흐
다시 보다

Au = à + le
정관사

Au 오는 전치사 à + 정관사 le의 축약형이다. revoir 흐브와흐는 re 다시와 voir 보다가 합쳐진 말로 다시보다의 뜻을 나타낸다.
Au revoir 오 흐브와흐는 가장 전형적인 헤어질 때 하는 인사말이다. 일부 지방에서는 Adieu 아디외를 쓰지만, 표준 프랑스어에서 Adieu는 영원히 이별할 때만 쓴다.

04 Bonjour와 Bonne journée
봉쥬흐   본   쥬흐네
좋은 하루 보내세요.

Bonsoir 봉쓰와흐는 저녁에 만날 때와 헤어질 때 모두 사용할 수 있는 인사이다.
Bonne soirée 본 쓰와헤는 헤어질 때만 하는 인사이다

	낮		저녁		친한경우
만날 때	Bonjour 봉쥬흐	만날 때/헤어질 때	Bonsoir 봉쓰와흐	만날 때/헤어질 때	Salut 쌀뤼
헤어질 때	Bonne journée 본 쥬흐네	헤어질 때	Bonne soirée 본 쓰와헤		

○ 캐나다나 일부 프랑스어권에서는 헤어질 때도 Bonjour라고 인사하기도 한다.

05 A bientôt.
아 비앵또
조만간 또 만나요.

A bientôt 아 비앵또는 조금 있다 봐요라는 뜻이며, 이와 비슷한 말로 A tout à l'heue 아 뚜 따 뢔흐라고도 한다. 여기서 A 는 전치사 à [악쌍이 붙은 철자]인데, 대문자로 쓰게 되면 악쌍 부호를 생략할 수 있다

1. 이름 묻고 말하기

질문	Comment	vous appelez-vous ?	당신의 성함은 무엇입니까?
		t'appelles-tu ?	너의 이름은 뭐니?
	Vous vous appelez	Comment ?	당신의 성함은 무엇입니까?
	Tu t'appelles		너의 이름은 뭐니?
대답	Je m'appelle Marie Martin.		제 이름은 마리 마르땡입니다.

2. 헤어질 때 인사

A	bientôt.	있다 봐.
	tout à l'heure.	조금 있다 봐.
	demain.	내일 봐.

3. 시간에 따라 하는 인사

Bonne	journée.	좋은 하루 보내세요. 아침
	soirée.	좋은 시간 보내세요. 저녁
	nuit.	안녕히 주무세요. 잠잘 때
Bon	après-midi.	좋은 오후 보내세요. 점심

Culture Française  예술과 과학의 나라

① 디자인 감각이 뛰어난 나라

오늘은 프랑스의 예술과 과학에 대해 공부합시다.

프랑스는 멋지고 환상적인 건물들과 함께, 유명한 디자이너 크리스챤 디올, 이브 생 로랑, 코코 샤넬 등이 탄생한 곳이에요.

건축, 실내 디자인, 의상 디자인, 무대 디자인, 디스플레이 등의 분야에서 쓰는 대부분의 전문 용어가 프랑스어로 되어 있어, 디자인 공부를 하려면 프랑스어를 배우는 것이 필수적이죠.

유명 디자이너들의 작품들 ➡

크리스챤?? 몰라…

넌 크리스챤 디올이 누군지 알아?

프랑스 패션쇼에 나오는 옷들은 정말 멋진것 같아요. 전 꼭 니나 리치의 멋진 드레스를 입을꺼예요.

② 요리와 포도주의 나라

프랑스 요리는 세계적으로 아주 유명하다. 특히 프랑스 요리 자격증은 세계적으로 가장 높이 평가받는데, 다양한 요리학교 및 연수기관들이 있어 단기간에도 자격증을 취득할 수 있는 기회가 많다. 프랑스하면 빼 놓을 수 없는 것 중에 하나가 포도주인데 우리나라의 포도주의 수입이 늘고 있는 추세를 볼 때, **sommelier** 소믈리에도 유망한 직업분야라고 할 수 있다.

escargot dish 에스까르고

아~ 달팽이 요리 맛있겠다.

꼭 프랑스가서 먹고 말겠어.

③ 세계 제일의 관광국

프랑스는 세계 제일의 관광국이죠.
관광의 나라니까 호텔이 무척 많고 또 호텔경영학을 가르치는 학교도 아주 많답니다.

현재 많은 대학이 호텔경영학, 관광학 분야에 학사 과정 뿐만 아니라, 석사 과정도 마련되어 있어요.

프랑스에서 직접 공부하고 자격증을 따는 것도 요즘같이 취업하기 어려운 시기에 좋은 방법이라고 생각되요.

저도 배울 수 있을까요?

④ 영화가 탄생한 나라

세계 최초로 영화를 만든 사람은 바로 프랑스의 뤼미에르 형제죠.
프랑스는 영화의 탄생국으로, 해마다 열리는 [깐느 영화제]도 세계 최고의 행사로 치러 있답니다.

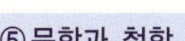

친쪽은 깐느 영화제 포스터여요. 포스터도 멋지죠~

⑤ 문학과 철학

프랑스 문학은 '인간이란 무엇인가?'를 주제로 하고 있다.

인간 중심의 르네상스 시대의 전통을 이어 받아, 인간의 [자유, 평등, 형제애]에 대해 곰곰이 생각하게 하는 작품들이 많다. 프랑스는 세계에서 가장 많은 노벨 문학상 수상자를 배출한 나라이다. 어느 나라 언어보다도 명확하고 논리 정연한 프랑스어로 프랑스의 문학과 철학의 진수를 맛볼 수 있다.

Camus 까뮈

Sartre 샤르트르

61

03 저는 한국인입니다.
Je suis coréen.

Situation ①

Emma

Je suis Française. Vous êtes Japonais ?
쥬 쒸 프항쌔즈 부 재뜨 쟈뽀네

Nuri

Non, je ne suis pas Japonais. Je suis Coréen.
농 쥬 느 쒸 빠 쟈뽀네 쥬 쒸 꼬헤앵

Vous parlez quelle langue ?
부 빠흘레 깰 랑그

Je parle coréen.
쥬 빠흘 꼬헤앵

Situation ②

Cécile

Je suis Française. Et toi, tu es Allemand ?
쥬 쒸 프항쌔즈 에 뜨와 뛰 애 알망

Léon

Non, je suis Anglais.
농 쥬 쒸 장글래

Ah, tu parles anglais et français.
아 뛰 빠흘 앙글래 에 프항쌔

Leçon 03

Situation ①

엠마	저는 프랑스 사람입니다. 당신은 일본 사람입니까?	• Français(e)	프랑스인, 프랑스어, 프랑스의
누리	아니오, 저는 일본 사람이 아닙니다. 저는 한국인입니다.	• Japonais(e) • non • Coréen(ne)	일본인, 일본어, 일본의 아니오(영어의 No) 한국인, 한국어, 한국의
엠마	당신은 어떤 언어를 말합니까?	• parlez, parle, parles 말하다 ⓦ parler	
누리	저는 한국어를 말합니다.	• langue f.	언어, 혀

Situation ②

쎄실	나는 프랑스인이야. 너는 독일인이니?	• de	~의, ~로부터
레옹	아니, 나는 영국인이야.	• Allemand(e)	독일인, 독일어, 독일의
쎄실	아, 너는 영어와 프랑스어를 하는구나.	• Anglais(e)	영국인, 영어, 영국의

63

03

Situation ③

Cécile

Enchantée, Monsieur.
앙샹떼   므씨외

Nuri

Enchanté, Madame.
앙샹떼   마담

D'où êtes-vous, Monsieur ?
두   애뜨 부   므씨외

Je suis de Séoul. Et vous, vous êtes de Paris ?
쥬 쒸 드 쎄울   에 부   부 재뜨 드 빠히

Non, je suis de Nice.
농   쥬 쒸 드 니쓰

Situation ④

Léon

Voici Paul et voilà Alice.
브와씨 뽈 에 브왈라 알리쓰

Paul

Bonjour !
봉쥬흐

Alice

Bonjour !
봉쥬흐

Je suis de Lyon. Et toi, tu es d'où ?
쥬 쒸 드 리옹   에 뚜와 뛰 애 두

Je suis de Londres.
쥬 쒸 드 롱드흐

Leçon 03

Situation ③

쎄실	반갑습니다.	
누리	반갑습니다.	
쎄실	어디 출신이세요?	
누리	저는 서울 출신입니다. 그럼, 당신은 파리 출신입니까?	
쎄실	아니오, 저는 니스 출신입니다.	

- enchaté(e) — 반갑습니다
- d'où — 어디로 부터
- Séoul — 서울 지명
- Paris — 파리 지명
- Nice — 니스 지명

Situation ④

레옹	여기는 뽈이고, 저기는 알리스야.
뽈	안녕!
알리스	안녕!
뽈	난 리옹 출신이야. 넌 어디 출신이니?
알리스	난 런던 출신이야.

- voici — 여기 ~가 있다
- voilà — 저기 ~가 있다
- Lyon — 리옹 지명
- Londres — 런던 지명

Actes de parole

출신 묻고 답하기

1 국적

^{부   재뜨   프항쌔(즈)}
A: Vous êtes Français(e) ?
당신은 프랑스인인가요?

^{위   쥬 쒸   프항쌔(즈)}
B: Oui, je suis Français(e).
예, 저는 프랑스인입니다.

^{부   재뜨   프항쌔(즈)}
A: Vous êtes Français(e) ?
당신은 프랑스인인가요?

^{농   쥬 쒸   꼬헤앵(엔)}
B: Non, je suis Coréen(ne).
아니오, 저는 한국인입니다.

2 다른 사람 소개하기

^{브와씨 마담 라보 에 브왈라 므씨외 김}
Voici Mme Lavaud et voilà M. Kim.
이분은 라보 부인이고, 저분은 김 선생님입니다.

▶ Mme은 Madame, M.은 Monsieur의 약자이다.

M. Kim.
김 선생님

라보 부인

3 출신지

^{두   애뜨 부}
A: D'où êtes-vous ?
당신은 어디 출신이십니까?

^{쥬 쒸 드 빠히}
B: Je suis de Paris.
저는 파리 출신입니다.

^{뛰 애 두}
A: Tu es d'où ?
출신지가 어디니?

^{쥬 쒸 드 리옹}
B: Je suis de Lyon.
리옹 출신이야.

01 부정문

ne(n') + 동사 + pas : ~이 아니다

부정문 ~이 아니다는 동사나 시제에 상관없이 ne느 와 pas빠 사이에 동사를 넣기만 하면 된다.

예) Je ne suis pas Japonais.
쥬 느 쒸 빠 쟈뽀내
저는 일본인이 아닙니다.

Vous n'êtes pas professeur ?
부 내뜨 빠 프호페쇄흐
당신은 선생님이 아니신가요?

 동사가 모음이나 무성 h로 시작하는 경우에는 ne ⇨ n'로 바뀐다.

02 불규칙 동사

être ~이다, ~에 있다

être ~이다, ~에 있다는 변화가 심한 **불규칙 동사**로, 영어의 **be 동사**에 해당하며, 주어에 따라 그 형태가 변한다. 중요한 동사이므로 반복해서 외워두도록 하자.

★être의 활용 ≫자주 사용되는 동사이므로 활용형을 꼭 외워두도록 하자.

je 쥬	suis 쒸	나는 ~ 이다	nous 누	sommes 쏨므	우리는 ~ 이다	
tu 뛰	es 애	너는 ~ 이다	vous 부	êtes 재뜨	당신(들)/너희 들은 ~ 이다	
il/elle 일/앨	est 애	그/그녀 는 ~ 이다	ils/elles 일/앨	sont 쏭	그/그녀들 은 ~ 이다	

être뒤에 오는 명사가 **국적/직업/신분** 등을 나타낼 때는 그 명사 앞에 관사를 붙이지 않는다.

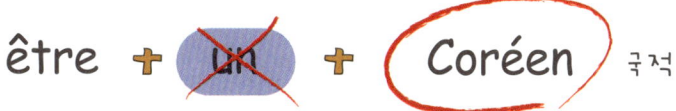

예) Il est Coréen.
일 애 꼬헤앵
그는 한국인입니다

Je suis étudiant.
쥬 쒸 제뛰디앙
저는 대학생입니다.

쉽게 이해되는 해설

03 · 1군 규칙 동사 — parler + 언어 ~어를 말하다

어미가 -er로 끝나는 동사의 대부분은 1군 규칙 동사이다. -er 앞부분인 어간이 일정하고 활용어미 -e, -es, -e, -ons, -ez, -ent 도 규칙적으로 변한다. ▶ 1군 규칙 동사 – p93참고

★ **parler** 활용

je 쥬	parle 빠흘	나는 ~말하다	nous 누	parlons 빠흘롱	우리들은 ~말하다
tu 뛰	parles 빠흘	너는 ~말하다	vous 부	parlez 빠흘레	당신들은 ~말하다
il/elle 일/앨	parle 빠흘	그/그녀 는 ~말하다	ils/elles 일/앨	parlent 빠흘	그/그녀들 은 ~말하다

예) Je parle espagnol. 나는 스페인어를 말합니다.
쥬 빠흘 에스빠놀

04 · 명사의 성 — 남성단수 + e = 여성단수

모든 명사는 남성이나 여성의 성을 가지고 있다. **un** 하나의, 어떤은 남성명사앞에, **une** 은 여성명사 앞에 쓴다. 남성명사에 -e를 덧붙이면 여성명사가 된다.

예) un ami 남자 친구 → une amie 여자친구
     왱 나미   위   나미

Coréen 한국남성 → Coréenne 한국여성
꼬헤앵   꼬헤엔

 -en 으로 끝나는 명사는 -ne을 덧붙여 여성형을 만든다.

05 · 소개사

소개사 뒤에는 항상 관사나 관사에 해당하는 한정사 **소유 형용사**나 **지시형용사** 등가 온다.

Voici, voilà + 관사, 한정사 + 명사   여기에 ~가 있다 가까운 곳. 저기에 ~가 있다. 먼 곳
C'est + 관사, 한정사 + 명사   이 사람은 ~이다. (이것은 ~이다)

예) Voici un disque. 여기 레코드판이 있다.   C'est une cassette. 이것은 카세트 테이프이다.
    브와씨 왱 디스끄   **남성명사**   쌔   뛴   까세뜨   **여성명사**

▶ 명사의 성 – 문법편 p2참고

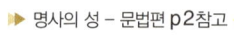

1 국적 묻기

Vous êtes	Français(e) ?	프랑스	
부 재뜨	프항쌔(즈)	한국	사람입니까?
당신은	Coréen(ne) ?		
	꼬헤앵(엔)		
	Japonais(e) ?	일본	
	자뽀내(즈)		

2 출신지 묻기

질문
- Vous êtes d'où ? 당신은 [어디]출신입니까?
  부   재뜨   두
- Tu es 너는 [어디]출신이니?
  뛰 애
- D'où êtes-vous ? 당신은 [어디]출신입니까?
  두   애뜨 부

대답
- Je suis de Paris. 저는 파리 출신입니다.
  쥬 쒸 드 빠히

3 동사 parler과 각국 언어

Je parle	français.	프랑스어	
쥬 빠흘	프항쌔	영어	
나는	anglais.	스페인어	를 말합니다.
	앙글래	중국어	
	espagnol.	한국어	
	애쓰빠뇰		
	chinois.		
	쉬느와		
	coréen.		
	꼬해앵		

04 이것은 무엇입니까?
Qu'est-ce que c'est ?

Situation ①

Paul

Tiens, voilà un cadeau pour toi.
띠앵 브왈라 왱 까도 뿌흐 뜨와

Cécile

Merci. Tu es très gentil. Mais qu'est-ce que c'est ?
매흐씨 뛰 애 트해 장띠 매 깨 스 끄 쌔

C'est une poupée française.
쌔 뛴 뿌뻬 프항쌔즈

Oh, elle est bien jolie.
오 앨 애 비앵 졸리

Situation ②

Cécile

Qui est-ce ?
끼 애 쓰

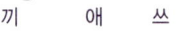

Paul

C'est Céline Dion.
쌔 쎌린 디옹

Elle est Française ?
앨 애 프항쌔즈

Non, elle est Canadienne. Elle est chanteuse.
농 앨 애 까나디앤 앨 애 샹뙤즈

Leçon 04

Situation ①

뽈	자, 여기 널 위한 선물이 있어.	
쎄실	고마워. 정말 친절하구나. 그런데 이것은 뭐니?	
뽈	프랑스 인형이야.	
쎄실	오, 정말 예쁘구나.	

- tiens — 자, 어머
- cadeau [m.] — 선물
- pour — ~을 위한, 위하여
- très — 매우
- gentil(le) — 친절한
- mais — 그러나
- poupée [f.] — 인형
- bien — 잘
- joli(e) — 예쁜

Situation ②

쎄실	이 사람은 누구야?	
뽈	쎌린 디옹이야.	
쎄실	프랑스 사람이야?	
뽈	아니, 캐나다 사람이야. 그녀는 가수야.	

- Canadien(ne) — 캐나다인
- Céline Dion — 쎌린 디옹 가수이름
- chanteuse [f.] — 여자가수
  [m.] chanteur 남자가수

04

Situation ③

médecin

Que faites-vous dans la vie ?
끄 패뜨 부 당 라 비

journaliste

Je suis journaliste. Et vous ?
쥬 쒸 쥬흐날리스뜨 에 부

Je travaille à l'hôpital.
쥬 트하바이 아 로삐딸

Ah, vous êtes médecin ?
아 부 재뜨 메드쌩

Oui, c'est ça.
위 쌔 싸

Situation ④

Paul

Qu'est-ce que tu fais, Cécile ?
깨 스 끄 뛰 패 쎄씰

Cécile

Je suis étudiante. Toi aussi, tu es étudiant ?
쥬 쒸 제뛰디앙뜨 뜨와 오씨 뛰 애 제뛰디앙

Oui, je fais des études.
위 쥬 패 데 제뛰드

Leçon 04

Situation ③

의사	직업이 무엇입니까?	• que	무엇
기자	저는 기자입니다. 그렇다면 당신은요?	• faire	하다, 만들다
의사	저는 병원에서 일합니다.	• dans	~안에, ~에서
기자	아, 의사입니까?	• vie [f.]	인생
의사	예, 그렇습니다.	• journaliste	기자
		• travailler	일하다
		• hôpital [m.]	병원
		• médecin [m.]	의사

Situation ④

뽈	너는 무슨 일을 하니, 쎄실?	• étudiant(e)	대학생(여대생)
쎄실	나는 대학생이야. 너도 대학생이지?	• toi aussi	너 역시, 너 또한
뽈	그래, 나도 공부해.	• étude [f.]	학업, 공부

73

Actes de parole

신분·직업을 나타내는 말

1 직업묻기

A: _{끄 패뜨 부 당 라 비}
Que faites-vous dans la vie ?
직업은 무엇입니까?

A: _{깰 애 보트흐 프호페씨옹}
Quelle est votre profession ?
당신의 직업은 무엇입니까?

B: _{쥬 쒸 메드쌩}
Je suis médecin.
의사입니다.

B: _{므와 쥬 쒸 쥬호날리쓰뜨}
Moi, je suis journaliste.
저는 기자입니다.

A: _{깨 스 끄 부 패뜨 장 프항쓰}
Qu'est ce-que vous faites (en France) ?   (프랑스에서) 당신의 직업은 무엇입니까?

B: _{쥬 쒸 에뛰디앙 에뛰디앙뜨}
Je suis étudiant / étudiante.   나는 대학생 / 여대생입니다.

쥬 쒸
Je suis~
나는 ~이다.

직업

악때흐
acteur 남자배우

악트히쓰
actrice 여배우

샹때흐
chanteur 남자 가수

샹띄즈
chanteuse 여자 가수

메드쌩
médecin 의사

아흐쉬땍뜨
architecte 건축가

빼앵트흐
peintre 화가

01 부정관사　　　　　　　　　　　　　　　　　　　　　　un / une / des

부정관사는 셀 수 있으며, 정해지지 않은 대상이나, 처음 나오는 말 앞에 쓰이는 말로, 명사의 성과 수에 따라 형태가 변화한다. 어느 하나의 un / une 단수, 몇 개의 des 복수라는 뜻으로 영어의 a/an에 해당한다.

부정관사	남성	여성
단수	un 왱	une 원
복수	des 데	

예) 　　　브왈라　왱　땡브흐，　원　앙블로쁘　에　데　크헤이옹
　　Voilà un timbre, une enveloppe et des crayons.　여기에 우표, 봉투 그리고 연필들이 있다.
　　　　　　　남성명사　　　　여성명사　　　　　복수

부정관사뒤에 모음 또는 무성 h로 시작하는 단어가 오면 연독해야 한다.

예)　un arbre 나무　　　des écoles 학교
　　왜　나흐브흐　　　　데　제꼴

▶ 부정관사 – p176 참고

02 관사의 생략

앞 3과의 p67에서도 나왔지만, 국적/신분/직업을 나타내는 단어 앞에서는 관사를 생략한다.

예)　Je suis journaliste.　　저는 기자입니다.
　　쥬　쒸　　쥬흐날리쓰뜨

03 의문대명사　　　　　　　　　　　　　　　　　　　qui 누구 / que 무엇

의문대명사 qui · que 가 속사주어의 속성을 표시하는 말로 영어의 보어에 해당로 쓰일 때는 **누구, 무엇**의 뜻이다.

예)　Qui est-ce ?　저 사람은 누구입니까?　⋯⋯▶　C'est Robert.　로베르입니다.
　　끼　애　쓰　　　　　　　　　　　　　　　　　　　쌔　　호배흐

　　Qu'est-ce que c'est ?　이것은 무엇입니까?　⋯⋯▶　C'est un livre.　이것은 책입니다.
　　깨　　쓰　끄　쌔　　　　　　　　　　　　　　　　　쌔　　뙹　리브흐

쉽게 이해되는 해설

04 정관사 — le / la / les

정관사는 셀 수 있든 없든 간에 정해진 대상을 나타내는 말 앞에 쓰인다. 부정관사와 마찬가지로 명사의 성과 수에 따라 형태가 변화한다. 따로 해석할 필요는 없으며 영어의 **the**에 해당한다.

▶ 정관사 – 문법편 p4참고

정관사	남성	여성
단수	le 르	la 라
복수	les 레	

예) Ce sont les amis de Marie. 이 아이들은 마리의 친구들이야.
쓰 쏭 레 자미 드 마히

모음이나 무성 h로 시작하는 단수 명사 앞에서는 le, la ⇨ l', 복수 명사 앞에서는 les 는 연독한다.

예)
le + arbre ⇨ l'arbre 나무
르 아흐브흐   라흐브흐

les + arbres ⇨ les arbres 나무들
레 아흐브흐   레 자브흐

la + école ⇨ l'école 학교
라 에꼴   레꼴

les + écoles ⇨ les écoles 학교들
레 에꼴   레 제꼴

05 -re로 끝나는 3군 불규칙 동사 — faire ~하다, 만들다

faire 하다, 만들다 는 -re로 끝나는 3군 불규칙 동사로, 주어에 따라 그 형태가 불규칙하게 변한다. faire와 똑같이 변화하는 동사로는 mettre 두다, dire 말하다, connaître 알다 등이 있다. 한번에 외우려고 하지 말고 예문이 나올때마다 차근차근 주어와 함께 외워두도록 하자.

★**faire** 활용

je 쥬	**fais** 패	나는 ~하다	nous 누	**faisons** 프종	우리들은 ~하다
tu 뛰	**fais** 패	너는 ~하다	vous 부	**faites** 패뜨	당신들 은 ~하다
il/elle 일/앨	**fait** 패	그/그녀 는 ~하다	ils/elles 일/앨	**font** 퐁	그/그녀들 은 ~하다

○ nous faisons에서 [ai] 발음은 예외적인 경우로 [애]가 아니라 [으]다.

1 사물·사람 묻기

질문	Qu'est-ce que c'est ? 깨 스 끄 쌔	이것은 무엇입니까?
	Qui est-ce ? 끼 애 쓰	저 사람은 누구입니까?
대답	C'est un timbre canadien. 쌔 앵 땡브흐 까나디앵	그것은 캐나다우표야.
	C'est une étudiante. 쌔 윈 에뛰디앙뜨	그 사람은 여대생이야.
	Ce sont des photos. 쓰 쏭 데 포또	저(이)것들은 사진들입니다.

2 직업 묻기

Quelle est votre profession ? 깰 애 보트흐 프호페씨옹	당신의 직업은 무엇입니까?
Qu'est-ce que vous faites dans la vie ? 깨 스 끄 부 패뜨 당 라 비	직업으로 무슨 일을 하십니까?
Que faites-vous 끄 패뜨 부	직업이 무엇입니까?

3 사람의 신분

Je suis étudiant. 쥬 쒸 제뛰디앙	저는 대학생입니다.
Il est médecin. 일 애 메드쌩	그는 의사입니다.

77

Culture Française  육각형 모양의 프랑스 & 파리

프랑스는 유럽 대륙의 서부, 지중해와 대서양 사이에 위치해 있으며, 공식 명칭은 프랑스 공화국 La République française, 수도는 파리 Paris예요. 러시아와 우크라이나에 이어 유럽에서 세번째로 큰 영토의 나라지요.
국토의 모양이 육각형에 가까우며 삼면은 바다로, 삼면은 산지로 둘러싸여 있어요.

- 프랑스 면적
  약 551,208 km² 코르시카섬 포함
- 인구
  약 6,070만명

| 민족 및 역사 | |

프랑스인은 원래 프랑크족 Franc 의 한 부족인 골 Gaule 족에서 기원하며, 로마제국 시대에 쥴리어스 시저 César 가 현재의 프랑스를 이루고 있는 지역을 점령, 로마화시켰다.

프랑스는 라틴 문화의 영향을 매우 많이 받은 나라로서, 언어를 포함하여 민족성, 사회제도 및 문화 전반에 그 흔적이 많이 남아 있다. 유럽 문화의 중추를 이루는 라틴 문화를 적극적으로 받아 들여 전반적으로 명랑하고 낙천적인 민족성이 형성됐으며, 독일이나 영국에 비해 엄격하지 않은 반면, 타민족의 문화를 수용하는 능력이 매우 뛰어난 것으로 알려져 있다.

한국과 마찬가지로 사계절이 구분되나, 지중해성 기후의 영향으로 여름은 고온 건조하고 겨울은 혹독하게 춥지는 않으나 계속 비가 내리고 습하며 우중충한 날이 많아요.

파리의 역사

기원전 3세기에 파리지 Parisi 라 불리는 일부 갈리아족이 시떼 Cité 섬에 정착함으로써 파리가 시작되었다고 할 수 있다.

세느강 좌안 Rive gauche 현재의 까르띠에라땡 Quartier latin 지역에 새로운 도시가 건설되었으며 기원 후, 300년까지 로마제국의 속주로 있었으며, 세느강을 이용하여 활발한 문물의 교류가 이루어져 교통의 중심지가 되었다.

그 후 5세기부터 8세기 중엽까지 메로뱅지엥왕조 Mérovingiens 가 들어섰으며, 8세기 중엽부터 10세기말까지의 까롤랭지엥왕조 Carolingiens 를 거쳐, 987년에 위그까페왕조 Hugues Capet 가 새로이 들어섰다. 그 후 위그까페왕조 때 파리는 프랑스 역사의 주무대가 되었다.

영국과의 백년전쟁, 장미전쟁과 종교전쟁의 시대에는 파리에 늑대가 출몰했을 정도로 황폐화되었었지만, 그 후 꾸준히 발전하여 7세기에는 이미 인구가 30만, 18세기 경에는 50만의 대도시가 되었다.

프랑스 혁명과 함께 많은 기념물이 파괴되기도 했으나, 그 시기에 개선문과 루브르 박물관이 완성되기도 하였다.

19세기말부터 파리는 벨 에뽀크 Belle Epoque 아름다운 시대 라고 불리는 시대를 맞게 되는데, 세계의 미술인과 문학인, 그리고 사상가들의 활발한 활동 무대였다.

그 후 1·2차 세계 대전을 거쳐 오늘날까지도 유럽 문화의 중심지를 이어가고 있으며, 자유와 생동감이 넘치는 도시이기도 하다.

- 파리 인구   약 2,154,700명, 그러나 주거지역인구를 포함한 인구는 약 1,100만명이며 프랑스 전체 인구의 1/6이 모여있다.
- 면적   105.4 km²
- 동서 길이   12km
- 남북 길이   8km

Notre Dame de Paris 노트르담 성당

05 고맙습니다, 아저씨.
Merci beaucoup, Monsieur.

Situation ①

Mademoiselle

S'il vous plaît, Monsieur. Il y a un hôtel près d'ici ?
씰 부 쁠래 므씨외   일 이 아 왜 노땔 프해 디씨

Monsieur

Oui, à côté de la poste.
위, 아 꼬떼 드 라 뽀스뜨

Merci beaucoup, Monsieur.
매흐씨 보꾸 므씨외

Je vous en prie.
쥬 부 장 프히

Situation ②

Paul

Est-ce que tu as un timbre ?
애 스 끄 뛰 아 왱 땡브흐

Sophie

Non, je suis désolée.
농 쥬 쒸 데졸레

Et alors, tu as une enveloppe ?
에 알로흐 뛰 아 윈 앙블로쁘

Oui, voilà.
위 브왈라

Merci !
매흐씨

De rien !
드 히앵

Leçon 05

Situation ①

아가씨	실례합니다, 아저씨.	
	이 근처에 호텔이 있습니까?	
아저씨	예, 우체국 옆에 있습니다.	
아가씨	매우 고맙습니다.	
아저씨	천만에요.	

- hôtel [m.]   호텔
- près d'ici   여기서 가까이
- côté [m.]   곁, 옆
- poste [f.]   우체국
- merci beaucoup   매우 고맙습니다

Situation ②

뽈	우표 한 장 있니?
쏘피	아니 없어, 미안해.
뽈	그러면, 봉투는 하나 있니?
쏘피	그래, 여기 있어.
뽈	고마워.
쏘피	천만에.

- timbre [m.]   우표
- désolé(e)   유감인, 미안한
- enveloppe [f.]   봉투

05

Situation ③

Monsieur
Est-ce que vous voulez un café ?
애 스 끄 부 불레 왱 까페

Madame
Oh! Oui. Merci.
오 위 매흐씨

Voulez-vous une cigarette ?
불레 부 윈 씨가해뜨

Non merci.
농 매흐씨

Situation ④

Monsieur
Je peux vous aider à porter votre valise ?
쥬 쀠 부 재데 아 뽀흐떼 보트흐 발리즈

Madame
Mais vous n'êtes pas pressé ?
매 부 내뜨 빠 프헤쎄

Non, pas du tout. Tenez, donnez-moi votre valise.
농 빠 뒤 뚜 뜨네 도네 므와 보트흐 발리즈

Merci beaucoup, Monsieur.
매흐씨 보꾸 므씨외

Ce n'est rien, Madame.
쓰 내 히앵 마담

Leçon 05

Situation ③

아저씨	커피를 드실래요?	• vouloir	원하다
부인	오! 예, 감사합니다.	• café m.	커피
아저씨	담배를 원하세요?	• cigarette f.	담배
부인	아니오, 감사합니다.		

Situation ④

아저씨	가방을 드는 것을 도와 드릴까요?	• aider	도와주다
부인	바쁘지 않으세요?	• prier	빌다
아저씨	아니오, 전혀요. 자, 저에게 가방을 주세요.	• porter	들다
부인	매우 고마워요.	• valise f.	가방
아저씨	천만에요.	• pressé(e)	바쁜
		• ne... pas du tout	전혀 … 이 아니다
		• tenez	자, 여보세요
		• donner	주다
		• pouvoir	할 수 있다
		• rien	아무 것도

Actes de parole

여러가지 고마움의 표현

1 사양하기

불레 부 원 씨가헤뜨
Voulez-vous une cigarette ?
담배 드릴까요?

농 매흐씨
Non, merci.
아니, 괜찮아요.

위 씰 부 쁠래
Oui, s'il vous plaît.
예, 주세요.

2 고마움

매흐씨 보꾸 므씨외
A: Merci beaucoup, Monsieur.
고맙습니다, 아저씨.

드 히앵 마담
B: De rien, Madame.
천만에요.

매흐씨 드 보트흐 앵비따씨옹
A: Merci de votre invitation.
초대해 주어서 감사합니다.

쥬 부 장 프히
B: Je vous en prie.
천만에요.

쉽게 이해되는 해설

01 소개사 Il y a / voilà / voici 여기에 ~가 있다

긍정문

Il y a ~ ~이 있다는 영어의 There is(are)~ 에 해당하는 표현이다. 자주 사용하는 표현이므로 잘 알아두도록 하자.

예 Il y a un chat. 고양이가 있다.
   일 이 아 왱 샤

   Il y a des chiens. 강아지들이 있습니다.
   일 이 아 데 쉬앵

의문문

Il y a~ 의 의문형은 Y a-t-il ~? 로 도치한다.

예 Y a-t-il une église près d'ici ?   이 근처에 교회가 있습니까?
   이 아 띨 윈 네글리즈 프헤 디씨

부정문

Il y a~ 의 부정형은 Il n'y a pas ~ 이다.

예 Il n'y a pas de fleur dans le vase.   꽃병에 꽃이 꽂혀 있지 않다.
   일 니 아 빠 드 플쾌호 당 르 바즈

02 3군 불규칙 동사 avoir 가지고 있다

être ~이다 와 마찬가지로 가장 중요한 동사 중의 하나인 avoir는 영어의 have동사에 해당하는 것으로 가지고 있다 의 뜻이다. 불규칙하게 변하므로 확실히 외워두도록 하자.

★**avoir의 변화**

j' 줴	ai	나는 ~을 가지다	nous 누	avons 자봉	우리는 ~을 가지다
tu 뛰	as 아	너는 ~을 가지다	vous 부	avez 자베	당신은 ~을 가지다
il/elle 일/앨	a 아	그/그녀 는 ~을 가지다	ils/elles 일/앨	ont 옹	그/그녀들 은 ~을 가지다

◎ avoir 의 변화는 모두 모음으로 시작하므로 발음시 특히 주의해야 한다.

예 J'ai une moto.   나는 오토바이를 가지고 있다.
   줴 윈 모또

쉽게 이해되는 해설

03 부정문을 나타내는 표현

ne + 동사 + pas [부정문] 에서 pas대신 다른 어구를 사용해 부정의 뜻을 나타내기도 한다.

형태	의미
ne + 동사 + pas 느 빠	~이 아니다
ne + 동사 + rien 느 히앵	아무것도 ~ 아니다
ne + 동사 + ni~ ni~ 느 니 니	~도 ~도 아니다

⊙ ne+ 모음이나 무성 h로 시작하는 동사는 [n'~] 으로 변화하는 것에 주의한다.

예) Je n'aime pas le chocolat.   나는 초콜릿을 좋아하지 않는다.
    쥬 냄   빠 르 쇼꼴라

04 보어 인칭 대명사   VOUS 당신을, 당신에게

동사의 목적보어=영어의 목적어가 되는 보어 인칭 대명사는 ~을이라는 뜻의 직접 보어와 ~에게라는 간접 보어의 두가지 뜻이 있다. 긍정 명령문의 경우를 제외하고는 항상 동사 바로 앞에 놓인다.

수	인칭	직접 보어 인칭대명사	의미	간접 보어 인칭대명사	의미
단수	1인칭	me 므	나를	me 므	나에게
	2인칭	te 뜨	너를	te 뜨	너에게
	3인칭 남성	le 르	그를	lui 뤼	그에게
	3인칭 여성	la 라	그녀를		그녀에게
복수	1인칭	nous 누	우리를	nous 누	우리에게
	2인칭	vous 부	당신(들)을 너희들을	vous 부	당신(들)에게 너희들에게
	3인칭 남성	les 레	그들을	leur 뢔흐	그들에게
	3인칭 여성		그녀들을		그녀들에게

예) 쥬 뾔 부 재데   쥬 부 장브와 왱 부께 드 쁠뢔흐
    Je peux vous aider ?   Je vous envoie un bouquet de fleurs.
           직접목적어 동사   간접보어 동사
    제가 당신을 도와 드릴까요?   당신에게 꽃다발을 보냅니다.

▶ 인칭대명사 – 문법편 p.8 참고

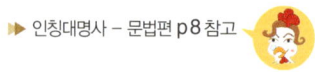

1 요구 및 양해

S'il vous plaît,
씰 부 쁠래

Pardon,
빠흐동

Excusez-moi,
엑스뀌제 므와

Monsieur.
므씨외

실례합니다

부탁합니다   아저씨.

미안합니다

2 고마움

Merci,
매흐씨

Merci beaucoup,
매흐씨 보꾸

Merci bien,
매흐씨 비앵

Madame.
마담

고맙습니다

매우 고맙습니다   부인.

매우 고맙습니다

3 고마움에 답하기

De rien,
드 히앵

Ce n'est rien,
쓰 내 히앵

Je vous en prie,
쥬 부 장 프히

Il n'y a pas de quoi,
일 니 아 빠 드 끄와

Mademoiselle.
마드므와잴

천만에요,   아가씨.

87

06 미안합니다.
Pardon, je suis désolé.

Situation ①

Monsieur

Bonjour, Madame. Je suis bien chez M. Martin ?
봉쥬흐 마담 쥬 쒸 비앵 쉐 므씨외 마흐땡

Madame

Ah non, ce n'est pas là.
아 농 쓰 내 빠 라

Pardon, je suis désolé.
빠흐동 쥬 쒸 데졸레

Ce n'est pas grave.
쓰 내 빠 그하브

Situation ②

Monsieur

Allô, Air France ?
알로 애흐 프항쓰

Madame

Non, c'est une erreur.
농 쌔 뛴 에해흐

Excusez-moi, je suis désolé.
엑쓰뀌제 므와 쥬 쒸 데졸레

Ça ne fait rien.
싸 느 패 히앵

Au revoir, Madame.
오 흐브와흐 마담

Au revoir, Monsieur.
오 흐브와흐 므씨외

Leçon 06

Situation ①

아저씨	안녕하세요, 부인. 마르땡씨 집이 맞나요?
부인	아니오. 그 집이 아닙니다.
아저씨	죄송합니다.
부인	괜찮아요.

- chez — ~집에
- là — 거기
- désolé(e) — 미안한
- grave — 무거운, 심각한

Situation ②

아저씨	여보세요, 에어 프랑스입니까?
부인	아니오, 잘못 걸었습니다.
아저씨	죄송합니다.
부인	괜찮아요.
아저씨	안녕히 계세요, 부인.
부인	안녕히 계세요.

- Air France — 에어 프랑스 항공사명
- erreur [f.] — 잘못, 실수
- excuser — 사과하다
- ça fait — 그것은 만든다
- revoir — 다시 보기 (동) 다시 보다

06

Situation ③

Nicolas

Depuis quand habitez-vous en France ?
드쀠 깡 아비떼 부 앙 프항쓰

Sylvie

Depuis deux ans.
드쀠 되 장

Où habitez-vous maintenant ?
우 아비떼 부 맹뜨낭

J'habite au 6 six rue Aragon.
쟈비뜨 오 씨쓰 휘 아하공

Dans une maison ?
당 쥔 매종

Non, dans un appartement.
농 당 좌 나빠흐뜨망

Situation ④

Nicolas

(Tiens), Salut, Sylvie !
띠앵 쌀뤼 씰비

Sylvie

Salut, Nicolas !
쌀뤼 니꼴라

Où vas-tu ?
우 바 뛰

Je vais à la poste. Et toi, tu vas où ?
쥬 배 자 라 쁘쓰뜨 에 뜨와 뛰 바 우

Au cinéma Rex. Il y a un bon film.
오 씨네마 핵쓰 일 이 아 앵 봉 필므

Leçon 06

Situation ③

니꼴라	언제부터 프랑스에 살고 계십니까?		
씰비	2년 전부터요.		
니꼴라	지금 어디 사십니까?		
씰비	아라공 거리 6번가에 삽니다.		
니꼴라	단독 주택에 사십니까?		
씰비	아니오, 아파트에 삽니다.		

- depuis ~이래로, 부터
- quand 언제
- an [m.] 해, 년, 살
- habiter 살다, 거주하다
- maintenant 지금
- dans 안에
- rue [f.] 거리
- six[6] 6
- maison [f.] 단독 주택
- appartement [m.] 아파트

Situation ④

니꼴라	안녕, 씰비!
씰비	안녕, 니꼴라!
니꼴라	어디 가니?
씰비	우체국에. 넌, 어디 가?
니꼴라	렉스 영화관에. 좋은 영화를 하거든.

- cinéma [m.] 영화관, 영화
- film [m.] 영화

Actes de parole

장소  Track 19

1 행선지

우 알레 부
A: Où allez-vous ?
어디 가십니까?

쥬 배 아 마흐쌔이으
B: Je vais à Marseille.
마르세이유에 갑니다.

우 바 뛰
A: Où vas-tu ?
어디 가니?

쥬 배 오 그항 마가쟁
B: Je vais au grand magasin
백화점에 가.

à la banque 은행
아 라 방끄

à la poste 우체국
아 라 뽀스뜨

à l'hôpital 병원
아 로삐딸

au jardin 공원
오 쟈흐뎅

au supermarché
오 쒸빼흐마흐쉐
슈퍼마켓

à la librairie 서점
아 라 리브해히

au marché 시장
오 마흐쉐

aux toilettes 화장실
오 뜨왈레뜨

▶ 방향을 나타내는 말

노흐
nord 북쪽

웨스뜨
ouest 서쪽

애스뜨
est 동쪽

쒸드
sud 남쪽

쉽게 이해되는 해설

01 -er로 끝나는 1군 규칙 동사   habiter 살다, 거주하다

-er로 끝나는 동사의 대부분은 1군 규칙 동사이다. -er앞 부분인 어간이 일정하고 활용어미 -e, -es, -e, -ons, -ez, -ent도 규칙적으로 변한다.

1군 규칙동사

단수	어미	복수	어미
je 쥬	-e [발음×]	nous 누	-ons [옹]
tu 뛰	-es [발음×]	vous 부	-ez [에]
il / elle 일/앨	-e [발음×]	ils / elles 일/앨	-ent [발음×]

 habiter 살다, 거주하다 동사는 1군 규칙동사로 주어가 1인칭 단수일 때 j'habite로 변화한다.

★ habiter 활용

j'	habite 쟈비뜨	나는 살다	nous 누	habitons 자비똥	우리는 살다
tu 뛰	habites 아비뜨	너는 살다	vous 부	habitez 자비떼	당신(들)/너희 들은 살다
il/elle 일/앨	habite 아비뜨	그/그녀 는 살다	ils/elles 일/앨	habitent 자비뜨	그/그녀 들은 살다

예) J' habite à séoul.   나는 서울에 산다   ○ à는 ~에 라는 전치사이다.
    쟈비   따 쎄울

02 Pardon !   실례합니다.
빠흐동

❶ 양해구하기   Pardon, Monsieur. Il y a un hôtel près d'ici ?   실례합니다, 아저씨. 이근처에 호텔이 있나요?
             빠흐동   므씨외   일이아 왜 노땔 프해 디씨

❷ 사과   Pardon, je suis désolé(e).   죄송합니다.
             빠흐동   쥬 쒸   데졸레

❸ 반복 요청   Pardon ? Je ne comprends pas.   (뭐라고요?) 다시 한번 말씀해 주시겠어요? (못 알아 들었어요.)
             빠흐동   쥬 느   꽁프항   빠

03 관사의 축약

정관사 le · les는 전치사 à · de 뒤에 올때, 축약형을 쓴다. 여성단수 정관사 la는 변하지 않는다.

전치사 \ 정관사	le 남성단수	la 여성단수	les 복수
à 아 ~에	au 오	à la 아 라	aux 오
de 드 ~의	du 뒤	de la 드 라	des 데

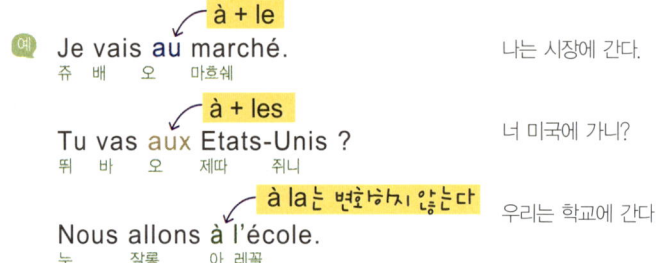

예) Je vais au marché. (à + le)
쥬 배 오 마흐쉐
나는 시장에 간다.

Tu vas aux Etats-Unis ? (à + les)
뛰 바 오 제따 쥬니
너 미국에 가니?

Nous allons à l'école. (à la는 변화하지 않는다)
누 잘롱 아 레꼴
우리는 학교에 간다

04 수형용사　　　　　　　　　　1~10까지의 수를 세어보자.

1	un / une 왱 / 원		6	six 씨쓰
2	deux 되		7	sept 쌔뜨
3	trois 트화		8	huit 위뜨
4	quatre 까트흐		9	neuf
5	cinq 쌩꼬		10	dix 디쓰

① 0은 zéro 제호 이다.
② 1은 여성명사 앞에서 사용하는 une이라는 형태가 따로 있다.
③ 모음이나 무성 h 앞에서는 연독한다.
④ 자음 앞에서 5, 6, 8, 10의 끝자음은 격식을 갖추는 경우 발음하지 않는다.

1 사과하기

Pardon,	excusez-moi.	죄송합니다.
	je suis désolé(e).	미안합니다.
Ce n'est pas grave.		괜찮아요.
Ça ne fait rien.		별거 아니에요.

2 거주지

질문 Où habitez-vous ? 어디에 사십니까?

대답 J'habite à Séoul. 서울에
J'habite dans une maison. 저는 단독주택에 삽니다.
J'habite dans un appartement. 아파트에

3 행선지

질문 Où allez-vous ? 어디에 가십니까?
Où vas-tu ? 어디에 가니?

대답 Je vais à Lyon. 리옹에
Je vais au cinéma. 저는 영화관에 갑니다.
Je vais à la poste. 우체국에

❂ 고유명사 앞에는 관사를 생략하며, à la (여성 단수 정관사)는 축약형이 없다.

Culture Française

Paris의 주요 명소 ①

① 노트르담 성당

노트르담 Notre Dame 은 성모 마리아를 가리키는 말로, 프랑스에서 가장 경건한 의식을 거행할 때 이곳을 이용한다. 프랑스의 초기 고딕 건축물 중의 최고 걸작으로 꼽히는 이 성당은 1760년 국왕 루이 16세 Louis XVI 의 혼례식이 거행됨으로써 명실공히 왕가의 대성당으로 자리를 굳혔다. 프랑스 혁명 때에는 교회의 핍박에 성난 군중들에 의해 한때 파괴와 철거의 운명에 직면하기도 하였다. 그러나, 1802년 나폴레옹에 의하여 대성당의 위치를 유지하고, 1804년에는 황제 나폴레옹이 이곳에서 대관식을 거행하였다.

성당 내부에는 약 9,000명을 수용할 수 있는 회당이 있고, 스테인드 글래스로 된 장미창이 유명하다. 교회 남쪽 탑에는 위고의 소설 Notre-Dame de Paris [노틀담의 곱추]에 등장하는 큰 종이 있다.

최고의 건축물은 모두 파리에 있는 것 같아요.

정말 웅장하죠?

② 개선문

나폴레옹 1세 Napoléon Premier 가 전쟁에서의 승리를 기념하기 위하여 1806년 개선문을 세울 것을 명령하였다. 고대 로마의 개선문 형태를 본뜬 이 문의 표면에는 나폴레옹 군대의 승리를 그린 그림과 600여명의 장군의 이름이 새겨져 있다.

나폴레옹은 죽은 후 관에 누워서 이곳을 통과하였으며, 1차 세계대전 승리 후 이 곳을 군인들이 행진하여 지나가기도 하였다.

개선문을 중심으로 12개의 도로가 사방으로 뻗어 있으며, 그 중에 샹젤리제도 있다. 엘리베이터, 계단을 이용해서 꼭대기에 올라가면 파리 시내의 모습을 볼 수 있다. 이곳은 1970년 이후 샤를르 드골 장군의 죽음을 애도하기 위해 샤를르 드골 에뜨왈 Charles de Gaulle Etoile 광장으로 이름이 붙여졌다.

개선문을 중심으로 12개의 도로가 사방으로 뻗어 있어요.

③ 샹젤리제 거리 Avenue des Champs-Elysées

샤를 드골 에뜨왈 광장 근처의 파리에서 가장 화려한 거리로 일컬어지는 곳이다.

영화관과 카페, 쇼핑몰들이 길가 양편에 있으며, 여름철 관광 시즌에는 파리 시민들보다는 관광객들로 만원을 이룬다. 푸께라는 카페는 유명 연예인들의 출입이 잦았던 곳으로 실내장식이 국가 문화재로 지정될 정도로 아름답다.

데이트를 하려면~ 샹젤리제 거리로...

Place de la Concorde

④ 꽁꼬르드 광장

원래는 루이 15세 Louis XV의 기마상이 광장 중앙에 있었으나, 프랑스 혁명 때 파괴되었고, 그 대신에 루이 16세 Louis XVI와 마리-앙뜨와네트 Marie-Antoinette 외 1,000여명이 처형당한 단두대가 있었다.

대혁명 광장이라고 불려진 적도 있던 이 곳에는 현재 이집트에서 노획해온 오벨리스크가 쓸쓸히 서 있다.

⑤ 퐁네프의 다리

영화 퐁네프의 연인들 Les Amants de Pont Neuf로 친숙한 이 다리는 1604년 앙리 4세 Henri IV 때 지어진 것으로, 그 이름 퐁네프 Pont Neuf 새로운 다리와는 달리 파리에서 가장 오래된 다리죠.

Pont Neuf 새로운 다리

07 영화를 좋아하십니까?
Vous aimez le cinéma ?

Situation ①

Mademoiselle

Vous aimez le cinéma ?
부 재메 르 씨네마

Monsieur

Oui, j'adore le cinéma. Et vous ?
위 쟈도흐 르 씨네마 에 부

Moi aussi, j'aime aller au cinéma.
므와 오씨 쟴므 알레 오 씨네마

Quel film préférez-vous ?
깰 필므 프헤페헤 부

J'aime les films d'amour.
쟴므 레 필므 다무흐

Situation ②

Monsieur

Qu'est-ce que tu aimes dans la vie ?
깨 쓰 끄 뛔앰 당 라 비

Mademoiselle

J'aime la musique et le cinéma.
쟴므 라 뮈직 에 르 씨네마

Alors, quelle musique aimes-tu ?
알로흐 깰 뮈직 앰 뛔

J'adore le jazz.
쟈도흐 르 쟈즈

Le rock ?
르 혹

Un peu.
왱 쁘

Leçon 07

Situation ①

아가씨	영화를 좋아하세요?	
아저씨	예, 영화를 매우 좋아합니다. 당신은요?	
아가씨	저 역시 영화관에 가는 것을 좋아해요.	
아저씨	어떤 영화를 좋아하십니까?	
아가씨	로맨스 영화를 좋아해요.	

- aimez 좋아하다, 사랑하다 원 aimer
- cinéma m. 영화
- adorer 매우 좋아하다
- aller 가다
- quel 어떤, 무슨
- film m. 영화
- préférez 선호하다 원 préférer
- amour m. 사랑

Situation ②

아저씨	평소에 무엇을 좋아하니?
아가씨	음악과 영화를 좋아해.
아저씨	그럼 어떤 음악을 좋아하니?
아가씨	재즈를 좋아해.
아저씨	록 음악은?
아가씨	조금.

- musique f. 음악
- jazz m. 재즈
- rock m. 록
- peu 조금

07

Situation ③

Paul

Il est quelle heure ?
일 애   깰   왜흐

Sophie

Sept heures moins le quart.
쌔   때흐   므왱   르 까흐

L'avion va partir dans deux heures.
라비옹   바 빠흐띠흐 당   되   좨흐

Alors, on prend un taxi ?
알로흐 옹 프항   왱 딱씨

Non, le métro.
농   르 메트호

Situation ④

Monsieur

Le train arrive à quelle heure à Lyon ?
르 트행   아히브 아 깰   왜흐   아 리옹

Mademoiselle

Vers 15 quinze heures, je crois. Vous allez à Lyon ?
배흐   깽   좨흐   쥬 크화   부   잘레 아 리옹

Oui, pour voir mes amis. Vous avez l'heure ?
위   뿌흐 브와흐 메   자미   부   자베   뢔흐

Il est deux heures et quart.
일 애 되   좨흐   에 까흐

Leçon 07

Situation ③

뽈	몇 시야?	
쏘피	7시 15분전.	
뽈	비행기가 2시간 후에 출발할거야.	
쏘피	그럼, 택시를 탈까?	
뽈	아니, 지하철.	

- heure [f.] 시간, 시각
- sept(7) 7
- moins 전
- quart [m.] 1/4
- avion [m.] 비행기
- partir 출발하다
- deux(2) 2
- on prend 우리는 ~ 탄다
- taxi [m.] 택시
- métro [m.] 지하철

Situation ④

아저씨	리옹에 기차가 몇 시에 도착합니까?
아가씨	오후 3시 무렵인 것 같아요. 리옹에 가세요?
아저씨	예, 친구들을 만나러요. 몇 시입니까?
아가씨	2시 15분이에요.

- train [m.] 기차
- arriver 도착하다
- Lyon 리옹 프랑스의 제2도시
- vers ~무렵, 경
- je crois 그런 것 같다
- voir 보다
- mes 나의
- amis [m.] 친구들

101

Actes de parole

시간 말하기

1 시간

A: Quelle heure est-il ? (깰 왜흐 애 띨) 몇 시 입니까?

B: Il est + ◯ + heure(s) (일 애 / 왜흐) ○시 입니다.

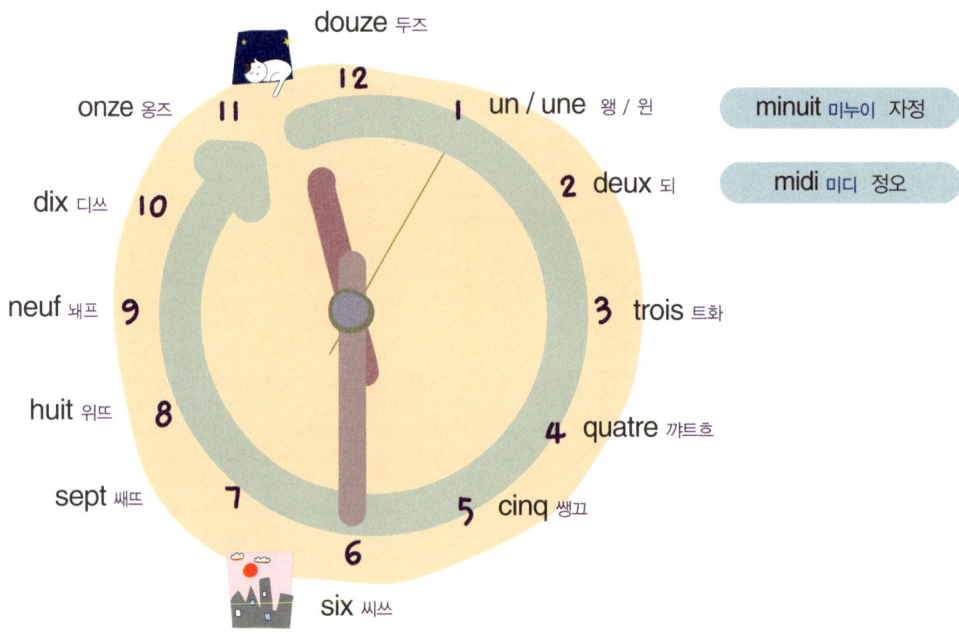

- douze 두즈
- onze 옹즈
- un / une 왱 / 원
- deux 되
- trois 트화
- quatre 꺄트흐
- cinq 쌩끄
- six 씨쓰
- sept 쌔뜨
- huit 위뜨
- neuf 놰프
- dix 디쓰

minuit 미누이 자정
midi 미디 정오

| 1시 15분전(12시 45분) | 12시 30분 | 3시 15분 |

une heure moins le quart   douze heures et demie   trois heures et quart
위 놰흐 므왱 르 꺄흐   두 좨흐 애 드미   트화 좨흐 애 꺄흐

15분전   30분(반)   15분

moins le quart   et demi(e)   et quart
므왱 르 꺄흐   에 드미   에 꺄흐

102

쉽게 이해되는 해설

01 의문 형용사 — quel 어떤, 무슨

의문 형용사 quel은 몇, 무엇, 어떤의 뜻으로, 발음이 모두 같다. 보통 명사나 동사 être 앞에 위치한다.

부정관사	남성	여성
단수	quel 껠	quelle 껠
복수	quels 껠	quelles 껠

예)
Quelle est votre profession ?
껠   애   보트흐   프호페씨옹
직업이 무엇입니까?

Quel âge avez-vous ?
껠   아쥬 아베   부
당신은 몇 살입니까?

02 1군 규칙동사 — préférer 더 좋아하다

1군 동사로 어미가 주어에 따라 규칙적으로 변화한다. 단, 주어의 인칭에 따라 악쌍강세 이 다르다.

★ préférer 활용

je 쥬	préfère 프헤패흐	나는 ~더 좋아하다	nous 누	préférons 프헤페홍	우리는 ~더 좋아하다
tu 뛰	préfères 프헤패흐	너는 ~더 좋아하다	vous 부	préférez 프헤페헤	당신들은 ~더 좋아하다
il/elle 일/앨	préfère 프헤패흐	그/그녀는 ~더 좋아하다	ils/elles 일/앨	préfèrent 프헤패흐	그/그녀들은 ~더 좋아하다

예) Je préfère le train à l'avion.
쥬 프헤패흐 르 트행 아 라비옹
나는 비행기보다 기차를 더 좋아한다.

03 기호의 정도 표현

예) Je n'aime pas beaucoup le café.
쥬 냄므 빠 보꾸 르 까페
나는 커피를 썩 좋아하지는 않는다.

쉽게 이해되는 해설

정도	좋아하다	정도	싫어하다
++++	adorer 아도헤	-	ne pas aimer beaucoup 느 빠 애메 보꾸
+++	aimer beaucoup 애메 보꾸	- -	ne pas aimer 느 빠 애메
++	aimer bien 애메 비앵	- - -	ne pas aimer du tout 느 빠 애메 뒤 뚜
+	aimer 애메	- - - -	détester 데떼쓰떼

04 비인칭 구문

의미 없는 형식 주어 il 영어의 it에 해당 을 쓰는 구문을 비인칭 구문이라 한다. 주로 시간, 날씨, 존재, 의무등을 나타낸다.

❶ 시간의 표현 Quelle heure est-il ? 몇시니? ⋯▶ Il est trois heures et quart. 3시 15분이다.
   깰   왜흐   에 띨 〈형식주어〉   일 애 트화 쾨흐   에 까흐

❷ 날씨 Quel temps fait-il ? 날씨는 어떻습니까? ⋯▶ Il fait beau. [chaud / froid] 좋은 날씨입니다.
   깰   땅   패 띨   일 패 보   쇼   프흐와 [더운/추운]

❸ 존재 Il y a un chat. 고양이가 있습니다.
        일 이아 왱 샤

❸ ~해야 한다 / ~가 필요하다 〈falloir 팔르와르〉 Il faut + 부정법 / 명사

   Il faut apprendre le français. 프랑스어를 배워야 한다. Il faut du repos. 휴식이 필요하다.
   일 포   아프항드흐   르 프항쎄   일 포   뒤 흐뽀

05 aller + 부정법   가까운 미래

동사 aller는 뒤에 부정법의 동사원형이 와서 ~할 것이다라는 가까운 미래를 나타낸다.

  예 L'avion va partir dans deux heures.   비행기는 두 시간 후에 출발할 것이다.
     라비옹 바 빠흐띠흐 당   되 쾨흐

또한, 가까운 미래 표현 외에 aller + 부정법으로 ~하러 가다라는 뜻을 나타내기도 한다.

  예 Je vais voir le film au cinéma.   나는 그 영화를 보러 영화관에 간다.
     쥬 배   브아흐 르 필므 오 씨네마

aller의 반대말인 venir를 사용해, venir + 부정법으로 ~하러 오다라는 뜻을 나타내기도 한다.

  예 Il vient me voir.   그는 나를 보러 온다.
     일 비앵 므 브와흐

venir de + 부정법은 방금 ~하였다는 가까운 과거를 나타낸다.

  예 Je viens de rencontrer mes amis.   조금 전에 내 친구들을 보았다.
     쥬 비앵 드 항꽁트헤   메 자미

바꿔쓰는 표현

1 취미에 대해 묻고 말하기

질문	Vous aimez 부 재메	le cinéma ? 르 씨네마 le jazz ? 르 쟈즈 le sport ? 르 쓰뽀흐	영화 재즈 를 좋아하십니까? 스포츠
대답	Oui, j'adore 위 쟈도흐 Non, j'adore 농 쟈도흐	le cinéma. 르 씨네마 le jazz. 르 쟈즈	예, [영화/재즈]를 좋아합니다. 아니오, [영화/재즈]를 좋아합니다.

2 기호에 대해 묻고 말하기

	Quel sport 깰 쓰뽀흐	aimez-vous ? 애메 부 aimes-tu ? 앰 뛰	어떤 운동을 좋아하십니까? 좋아하니?

3 시각을 묻고 말하기

질문	Quelle heure est-il ? 깰 왜흐 애띨 Vous avez 부 자베 Tu as 뛰 아	l'heure ? 뢔흐	몇 시입니까? 몇 시입니까? 몇 시니?
대답	Il est 일 애	une heure cinq. 윈 왜흐 쌩끄 neuf heures moins dix. 놰 왜흐 므왱 디쓰 trois heures et demie. 트화 좨흐 에 드미	1시 5분 9시 10분 전 입니다. 3시 반

105

08 무슨 요일입니까?
Quel jour sommes-nous ?

Situation ①

Nicolas

Quel jour sommes-nous ?
깰   쥬흐   쏨므   누

Louise

Nous sommes mardi.
누   쏨므   마흐디

On est le combien ?
오   내   르   꽁비앵

On est le 30 _{trente} avril.
오   내   르   트항뜨   아브힐

Alors, demain, c'est le premier mai, n'est-ce pas ?
알로흐 드맹   쌔 르 프흐미에   매   내 쓰 빠

Oui.
위

Situation ②

Louise

Allô ! Nicolas ? Ici, Louise.
봉쓰와흐   쏘피   이씨   루이즈

Nicolas

Bonjour, Louise ! Comment ça va ?
봉쥬흐   루이즈   꼬망   싸 바

Ça va bien. Je pars pour Paris.
싸 바 비앵   쥬 빠흐   뿌흐   빠히

Tu arrives quel jour ?
뛰   아히브   깰   쥬흐

J'arrive le 25 _{vingt-cinq} juillet.
쟈히브   르   뱅쌩끄   쥐이에

Leçon 08

Situation ①

▶ 니꼴라	오늘이 무슨 요일이니?	• jour [m.]	날, 요일
루이즈	화요일.	• mardi [m.]	화요일
니꼴라	몇 일이지?	• on	우리[nous의 구어체 표현]
루이즈	4월 30일이야.	• combien	얼마
니꼴라	그러면, 내일은 5월 1일이지?	• avril [m.]	4월
루이즈	그래.	• demain [m.]	내일
		• premier	첫번째

Situation ②

▶ 루이즈	여보세요! 니꼴라? 난 루이즈야.	• pour	향하여, 위하여
니꼴라	안녕, 루이즈! 잘 지내니?	• arrives	~도착하다 ⓐ arriver
루이즈	잘 지내. 나 파리에 가.	• juillet [m.]	7월
니꼴라	며칠에 도착하니?		
루이즈	7월 25일에.		

107

08

Situation ③

Louise

Bon anniversaire !
보 나니배흐쌔흐

C'est un petit cadeau pour toi.
쌔 땡 쁘띠 까도 뿌흐 뜨와

Nicolas

Merci beaucoup. Mais qu'est-ce que c'est ?
매흐시 보꾸 매 께 쓰 끄 쌔

C'est une petite voiture.
쌔 뛴 쁘띠뜨 브와뛰흐

Situation ④

Louise

Bonjour, Madame Lanson. C'est votre fils ?
봉쥬흐 마담 랑쏭 쌔 보트흐 피쓰

Madame Lanson

Oui, c'est mon fils.
위 쌔 몽 피쓰

Il s'appelle Louis.
일 싸뻴 루이

Louise

Bonjour, Louis. Tu as quel âge ?
봉쥬흐 루이 뛰 아 깰 아쥬

Louis

J'ai 9 neuf ans.
줴 놰 방

Leçon 08

Situation ③

루이즈	생일 축하해. 너를 위한 작은 선물이야.
니꼴라	정말 고마워. 그런데, 이게 뭐야?
루이즈	작은 장난감 자동차야.

- anniversaire m. 생일, 기념일
- petit(e) 작은
- cadeau m. 선물
- voiture f. 자동차

Situation ④

루이즈	안녕하세요, 랑송 부인. 당신 아들이에요?
랑송부인	예, 제 아들이에요. 이름이 루이에요.
루이즈	안녕, 루이. 너 몇 살이니?
루이	9살이에요.

- fils m. 아들
- âge m. 나이

Actes de parole

여러가지 요일 표현 Track 25

1 요일

깡
Quand?   르
         le ◯일 ◯월 ◯년

일 + 월 + 연도 순으로 말한다

▶ 요일

월요일	화요일	수요일	목요일	금요일	토요일	일요일
lundi	mardi	mercredi	jeudi	vendredi	samedi	dimanche
디	마흐디	매흐크흐디	쥐디	방드흐디	쌈디	디망슈

▶ 월 & 4계절 ≫ 달이름도 소문자로 쓴다.

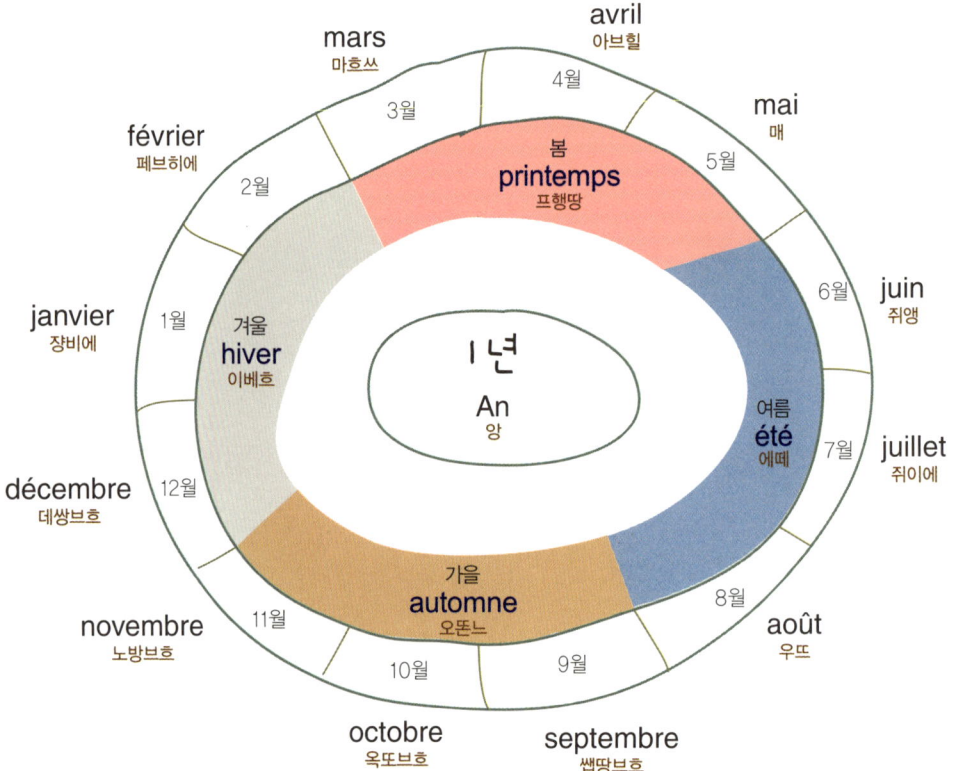

110

01 수형용사

0	zéro 제호		15	quinze 깽즈
1	un 왱		16	seize 쎄즈
2	deux 되		17	dix-sept 디-쌔뜨
3	trois 트화		18	dix-huit 디즈-위뜨
4	quatre 까트흐		19	dix-neuf 디즈-놰프
5	cinq 쌩고		20	vingt 뱅(뜨)
6	six 씨쓰		21	vingt et un 뱅 때 왱
7	sept 쌔뜨		30	trente 트항뜨
8	huit 위뜨		40	quarante 까항뜨
9	neuf 놰프		50	cinquante 쌩깡뜨
10	dix 디쓰		60	soixante 쓰와쌍뜨
11	onze 옹즈		70	soixante-dix 쓰와쌍뜨-디쓰
12	douze 두즈		80	quatre-vingts 까트흐-뱅
13	treize 트해즈		90	quatre-vingt-dix 까트흐-뱅-디쓰
14	quatorze 까토흐즈		100	cent 쌍

21, 31, 41, 51, 61 등은 십단위수 + et + 일단위수 로 쓴다.

 31   trente et un

쉽게 이해되는 해설

02 소유 형용사

소유를 나타내는 형용사로 주어와는 상관없이 뒤에 오는 피소유물(명사)의 성과 수에 따라 변화하는 것에 주의해야 한다.

▶ 소유 형용사 – 문법편 p 15 참고

피소유자 \ 피소유물	남성	여성	복수
나의	mon 몽	ma 마	mes 메
너의	ton 똥	ta 따	tes 떼
그의/그녀의	son 쏭	sa 싸	ses 쎄
우리의	notre 노트흐		nos 노
당신(들)의	votre 보트흐		vos 보
그들의/그녀들의	leur 뢔흐		leurs 뢔흐

○ 단, 모음이나 무성 h로 시작하는 여성단수명사앞에서는 모음 충돌을 피하기 위해 남성단수 소유 형용사를 쓴다.

예) mon père 몽 뻬흐 나의 아버지 (남성명사) ma mère 마 매흐 나의 어머니 (여성명사) ta mère 따 매흐 너의 어머니 (여성명사)

mon, ton, son 이 붙었지만, 모두 여성명사다.
mon école 모 네꼴 내 학교   ton amie 또 나미 너의 여자친구   son auto 쏘 노또 그/그녀의 자동차

03 생일 축하   Bon(Joyeux) anniversaire !

생일 축하는 Bon anniversaire ! 보 나니베흐쌔흐라고 한다. Bon 본대신 Joyeux 쥬와이외를 사용해 Joyeux anniversaire ! 쥬와이외 자니베흐쌔흐라고 해도 된다.

Félicitations ! 펠리씨따시옹
축하해!

Bonne année ! 본 나네
새해 복 많이 받으세요!

1. 요일

질문: Quel jour (깰 쥬흐) sommes-nous (쏨므 누) (aujourd'hui) (오쥬흐뒤) ? / est-ce (애 쓰) ? / est-on (애 똥) ?
오늘은 무슨 요일입니까?

대답: Aujourd'hui, (오쥬흐디) nous sommes (누 쏨므) / c'est (쌔) / on est (오 내) lundi (룅디). / mercredi (매흐크흐디). / vendredi (방드흐디).
오늘은 월요일 / 수요일 / 금요일 입니다.

2. 날짜

질문: Le combien (르 꽁비앵) sommes-nous (쏨므 누) (aujourd'hui) (오쥬흐뒤) ?
(오늘은) 며칠입니까?

대답: (Aujourd'hui,) (오쥬흐뒤) nous sommes (누 쏨므) le neuf mars (르 놰프 마흐쓰).
(오늘은) 3월 9일입니다.

3. 나이

질문: Quel âge avez-vous ? (깰 아쥬 아베 부)
몇 살입니까?

대답: J'ai 23 vingt-trois ans. (줴 뱅트화 장)
23살입니다.

113

Culture Française — Paris의 주요 명소 ②

① 오르세 미술관 Musée d'Orsay
뮈제 도흐쌔

세느강변의 오르세역을 개조해서 만든 미술관으로 1982년에 문을 열었다. 1층에는 19세기 중반부터 후반의 조각품들이 전시되어 있고, 또한 밀레와 마네의 작품들도 볼 수 있다.

2층 테라스에는 로댕과 마이올 등의 조각이 전시되어 있으며, 자연주의, 상징주의, 신예술주의의 작품들이 전시되어 있다.

3층에는 인상주의와 후기인상주의 화가의 작품들이 전시되어 있는데, 이 중 모네, 르느아르, 드가, 고호, 세잔느, 고갱 등의 작품이 눈길을 끈다.

Musée d'Orsay 뮈제 도흐쌔
Musée du Louvre 뮈제 뒤 루브흐

② 루브르 박물관 Musée du Louvre
뮈제 뒤 루브흐

원래 프랑스의 왕궁으로 사용되었던 건물인데 나폴레옹 때부터 미술관으로 사용되기 시작하였다.

박물관 중앙에 유리로 된 피라미드가 있는데 이곳이 바로 입구예요.

하루에 다 관람할 수 없을 정도로 큰 규모이므로 박물관 입구에서 안내 지도를 구입하여 원하는 전시실을 골라 관람하는 것이 효율적이다.

회화뿐만 아니라 고대 그리스, 로마의 조각품들과 미술 공예품들도 전시되어 있는데, 그 중에서 레오나르도 다빈치의 [모나리자], 밀로의 [비너스상], 미켈란젤로의 [노예상] 그리고 나폴레옹의 [검]과 찰스 10세의 왕관에 장식되었던 140.64 캐럿의 아름다운 다이아몬드가 있다.

총 40만점의 작품을 보관하고 있는 이곳에서는 스케치북과 붓을 든 미술학도들이 자신이 좋아하는 작품 앞에 서서 또는 앉아서 그림을 그리는 광경을 종종 볼 수 있다.

바쁘다~ 바빠

③ 퐁피두 문화 예술센타 Centre National d'Art et de Culture Georges Pompidou
쌍트흐   나씨오날   다흐 에 드 뀔뛰흐 죠흐쥬   뽕삐두

1977년 죠르쥬 퐁피두 대통령에 의해서 설립된 예술 문화 센터로 1층은 전시실, 2-3층은 각 분야별 도서관, 그리고 4층은 현대 미술 전시관이 들어서 있다.

이 건물은 건물 내부의 모든 것 즉, 계단, 환기구, 가스관, 전기관 등이 외부로 노출되게 디자인된 전위적인 작품 그 자체다.

예술 센타 앞에는 거리의 악사들이 연주를 하고 있고, 여러 색깔의 실을 이용 머리를 따주는 상인들도 있다. 건물 꼭대기의 전망대는 에스컬레이터를 이용해서 올라갈 수 있으며, 몽마르트 언덕이 잘 내려다보인다.

풍피두 문화 예술센타는 생각의 전환을 통해 탄생한 건축물이죠.

④ 바스티유 오페라 Opéra de la Bastille
오뻬하 드 라 바쓰띠이

프랑스 혁명 200주년을 기념하기 위해서 1989년에 세워진 대규모 오페라 극장이죠.
한국의 지휘자 정명훈씨가 이곳의 초대 음악 감독을 지내기도 해 우리에게 친근한 곳이랍니다.

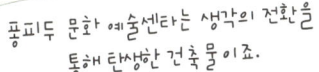

Opéra de la Bastille 오뻬하 드 라 바쓰띠이

09 이 바지 좀 볼 수 있을까요?
Est-ce que je peux voir ce pantalon ?

Situation ①

Madame
Est-ce que je peux voir ce pantalon brun ?
애 스 끄 쥬 쀠 브와흐 쓰 빵딸롱 브횡

vendeur
Oui, bien sûr !
위 비앵 쒸흐

J'aime bien ça. Je peux essayer ce pantalon ?
잼 비앵 싸 쥬 쀠 에쎄이에 쓰 빵딸롱

Mais oui, Madame. Voilà une cabine d'essayage.
매 위 마담 브왈라 윈 까빈 데쎄이야쥬

Situation ②

vendeur
Vous désirez ?
부 데지헤

Madame
Je cherche une robe rouge.
쥬 쉐흐슈 윈 호브 후쥬

Quelle est votre taille ?
깰 애 보트흐 따이으

38 trente-huit.
트항뜨 위뜨

Ah, je regrette, Madame. On n'a plus de 38.
아 쥬 흐그해뜨 마담 오 나 쁠뤼 드 트항뜨 위뜨

Leçon 09

Situation ①

부인	이 갈색 바지 좀 볼 수 있을까요?	
점원	예, 물론이지요!	
부인	마음에 드는군요. 이 바지를 입어 보아도 될까요?	
점원	물론이죠, 부인. 저기 탈의실이 있습니다.	

- pantalon [m.] 바지
- brun 갈색의
- essayage [m.] 한번 입어봄
- cabine [f.] 탈의실, 선실
- désirer 원하다

Situation ②

점원	무엇을 찾으세요?
부인	빨간 원피스를 찾는데요.
점원	치수가 어떻게 되나요?
부인	38입니다.
점원	아, 죄송합니다, 부인. 38치수가 없네요.

- désirer 원하다
- je cherche 나는 ~ 찾는다 원 chercher
- robe [f.] 드레스, 원피스
- rouge 빨간
- taille [f.] 크기

117

09

Situation ③

vendeur

Madame, vous désirez ?
마담   부   데지헤

Madame

Je voudrais un kilo de pommes, s'il vous plaît.
쥬 부드해   왱 낄로 드 뽐므   씰 부 쁠래

Voilà. Et avec ceci ?
브왈라   애 아배끄 쓰씨

Donnez-moi aussi deux kilos d'oranges.
도네   므와 오씨   되 낄로 도항쥬

Ce sera tout, Madame ?
쓰 쓰하 뚜   마담

Oui.
위

Situation ④

Monsieur

Je peux fumer ici ?
쥬 쁴 퓌메 이씨

Madame

Non, je regrette. Vous ne pouvez pas fumer ici.
농   쥬 흐그해뜨   부 느 뿌베 빠 퓌메 이씨

Comment ? Pourquoi ?
꼬망   뿌흐꾸와

Parce qu'il est interdit de fumer ici.
빠흐쓰 낄 래 앙때흐디 드 퓌메 이씨

Leçon 09

Situation ③

점원	부인, 무엇을 원하세요?	
부인	사과 1킬로를 원합니다.	
점원	여기 있습니다. 그리고 다른 것은요?	
부인	오렌지 2킬로도 주세요.	
점원	이것이 전부입니까?	
부인	예.	

- voudrais — 원하면
- kilo m. — 킬로
- pomme f. — 사과
- avec — ~함께
- aussi — 또한
- orange f. — 오렌지
- sera — être ~이다, 있다의 미래형

Situation ④

아저씨	여기서 담배를 피워도 될까요?
부인	아니오, 죄송합니다. 여기서 담배를 피우면 안 됩니다.
아저씨	뭐라구요? 왜요?
부인	(왜냐하면) 여기서 담배를 피우는 것은 금지되어 있기 때문입니다.

- fumer — 담배를 피우다
- regretter — 후회하다
- pouvez — ~할 수 있다 원 pouvoir
- pourquoi — 왜
- parce que — 왜냐하면
- interdit(e) — 금지된

Actes de parole

쇼핑할 때 사용하는 표현

1 원하는 것

꽁비앵   싸 꾸뜨
1. Combien (ça coûte) ?   얼마입니까?

쥬   호가흐드   쐴르망
2. Je regarde seulement.   그냥 구경만 하는겁니다.

뷔   쥬   레쎄이예
3. Puis-je l'essayer ?   입어봐도 됩니까?

쥬   프항   싸
4. Je prends ça.   이것으로 하겠습니다.

애 스 끄 쥬 뿌해   빼이에   빠흐 까흐뜨 드 크헤디
5. Est-ce que je pourrais payer par carte de crédit ?
신용카드로 계산해도 됩니까?

 **une bague** 반지
윈   바그

 **une veste** 자켓
윈   베스뜨

 **un pantalon** 바지
왱   빵딸롱

 **des chaussures** 신발
데   쇼쉬흐

쉽게 이해되는 해설

01 지시 형용사   ce 이, 그, 저

지시 형용사란, **이, 그, 저**의 뜻으로, 사람이나 사물을 가리키는 형용사이다. 영어의 **this, that** 명사앞에서 명사의 성과 수에 따라 변화한다.

지시형용사	남성	여성
단수	ce (cet) 쓰 (쌔뜨)	cette 쌔뜨
복수	ces 쌔	

　쓰　빵딸롱　　　　　　　　　　쌔뜨　까쌔뜨
Ce pantalon 이(저) 양복바지　　**Cette** cassette 이(저) 카세트
　　　　　남성단수　　　　　　　　　　　　　여성단수

예) Regardez cet hôtel.   이 호텔을 보세요.
　흐가흐데　쌔 또땔

○ 단 모음이나 무성 h로 시작하는 남성단수명사 앞에서는 cet를 쓴다.

02 -oir로 끝나는 3군 불규칙동사   pouvoir ~을 할 수 있다

pouvoir ~할 수 있다는 -oir로 끝나는 동사 중 단수인칭에서 -x, -x, -t로 특이하게 변하는 동사이므로, 주의하자. pouvoir 다음에는 항상 부정법이 오며 가능성을 나타낸다.
1) **가능** ~할 수 있다, 2) **허가** ~해도 좋다, 3) **추측** ~일지 모른다 의 뜻을 나타낸다.

★pouvoir의 활용   pouvoir + 부정법

je 쥬	**peux** 쁴	나는 ~할 수 있다	nous 누	**pouvons** 뿌봉	우리는 ~할 수 있다
tu 뛰	**peux** 쁴	너는 ~할 수 있다	vous 부	**pouvez** 뿌베	당신들은 ~할 수 있다
il/elle 일/앨	**peut** 쁴	그/그녀는 ~할 수 있다	ils/elles 일/앨	**peuvent** 뾔브	그/그녀들은 ~할 수 있다

예) Nous pouvons partir demain.   우리는 내일 출발할 수 있다.
　　누　뿌봉　　빠흐띠흐 드맹

Puis-je entrer ?   들어가도 됩니까?
쀠　쥬 앙뜨헤

 pouvoir와 똑같이 활용하는 대표적인 동사로 vouloir 블르와흐 바라다 가 있다.

쉽게 이해되는 해설

03 공손한 표현의 조건법   Je voudrais + 명사/부정법 ~(하기)를 원해요

Je voudrais 뒤에 명사 또는 부정법의 형태로, 공손한 뜻을 표현한다.

voudrais + /  ~(하기)를 원합니다

예) Je voudrais une robe.
쥬 부드해 원 호브
나는 드레스를 원합니다만..

Je voudrais aller en France.
쥬 부드해 알레 앙 프항쓰
나는 프랑스에 가기를 원합니다만..

avoir besoin de ~이 필요하다

예) J'ai besoin d'argent.
줴 브즈왱 다흐장
나는 돈이 필요하다.

04 Pourquoi ? / Parce que   왜, 어째서 / 왜냐하면
뿌흐꾸와   빠흐쓰   끄

Pourquoi ? 왜 라고 물어보면 Parce que 왜냐하면...으로 대답한다.

예) Pourquoi il est absent ? ···> Parce qu'il est malade.
뿌흐꾸와 일 애 땁쌍   빠흐쓰 낄 애 말라드
왜 그가 오지 않았나요?   (왜냐 하면) 그는 아프기 때문이에요.

의문사

 끄 Que 무슨, 무엇   깡 Quand 언제   꼬망 Comment 어떻게   뿌흐꾸와 Pourquoi 왜

 우 Où 어디    끼 Qui 누구   꽁비앵 Combien 얼마나    아 껠 왜흐 À quelle heure 몇 시

05 금지를 나타낼 때   Il est + interdit + de + 부정법 ~하는 것은 안된다.

여기서 Il은 비인칭 주어로 쓰였다. 비인칭 주어는 앞과에서도 나왔지만 날씨나 시간 등을 표현할 때도 사용된다.

금지 Il est + interdit + de +   ~하는 것은 안된다 / 금지되어 있다

예) Il est interdit de nager ici.   여기서 수영하는 것은 금지되어 있습니다.
일 애 땡때흐디 드 나줴 이씨

1 허가

질문: Est-ce que je peux
애 스 끄 쥬 쁴

- voir cette jupe rouge ? 브와흐 쌔뜨 쥬쁘 후쥬 — 이 빨간 치마를 좀 볼 수 있을까요?
- essayer ce pantalon ? 에쎄이에 쓰 빵딸롱 — 이 바지를 좀 입어볼 수 있을까요?
- fumer ici ? 퓌메 이씨 — 여기서 담배를 피워도 될까요?
- entrer ? 앙트헤 — 들어가도 되겠습니까?

대답:
- Oui, bien sûr ! 위 비앵 쒸흐 — 예, 물론이지요!
- Non, je regrette. 농 쥬 흐그해뜨 — 아니오, 죄송합니다.

2 물건찾기

질문:
- Qu'est-ce que 깨 스 끄
  - vous désirez ? 부 데지헤 — 무엇을 원하십니까?
  - vous cherchez ? 부 쉐흐쉐 — 찾으십니까?
- Vous désirez ? 부 데지헤 — 무엇을 원하십니까?

대답:
- Je voudrais 쥬 부드해
  - une robe. 원 호브 — 드레스를 원합니다.
  - une cravate. 원 크하바뜨 — 넥타이
- J'ai besoin 쥬 브즈왱
  - d'un chapeau. 됭 샤뽀 — 모자가 필요합니다.

10 얼마입니까?
Ça fait combien ?

Situation ①

Madame: Vous avez des pommes ?
부 자베 데 뽐므

vendeur: Bien sûr, Madame !
비앵 쒸흐 마담

C'est combien le kilo ?
쌔 꽁비앵 르 낄로

Ça coûte 3 euros le kilo.
싸 꾸뜨 트화 죄호 르 낄로

Deux kilos, s'il vous plaît.
되 낄로 씰 부 쁠래

Voilà des pommes.
브왈라 데 뽐므

Situation ②

Madame: Elle coûte combien ?
앨 꾸뜨 꽁비앵

vendeur: 60 Soixante euros.
스와쌍뜨 왜호

Oh, c'est trop cher !
오 쌔 트호 쉐흐

Non, ce n'est pas cher. Et elle est à la mode.
농 쓰 내 빠 쉐흐 에 앨 애 따 라 모드

Alors, je la prends.
알로흐 쥬 라 프항

Leçon 10

Situation ①

부인	사과 있어요?
점원	물론이죠, 부인.
부인	킬로당 얼마에요?
점원	킬로당 3유로입니다.
부인	2킬로 주세요.
점원	여기 있습니다.

- pomme [f.] 사과
- kilo [m.] 킬로
- coûte 값이 ~ 이다
- euro(€) 유로화

Situation ②

부인	얼마에요?
점원	60 유로입니다.
부인	오, 너무 비싸요.
점원	아녜요, 비싼 게 아니에요. 게다가 유행인걸요.
부인	그러면, 이것을 사겠습니다.

- trop 너무
- cher, chère 비싼
- mode [f.] 유행
- je prends 나는 ~ 사겠다

10

Situation ③

Madame

Je voudrais une jupe longue.
쥬 부드해   윈 쥐쁘 롱그

vendeur

De quelle couleur ?
드   껠

Je peux voir la jupe rouge là-bas ?
쥬 뾔   브와흐 라 쥐쁘 후쥬   라 바

Oui, bien sûr.
위   비앵 쒸흐

Elle est bien jolie. C'est combien ?
앨 애 비앵 졸리   쌔   꽁비앵

75 Soixante-quinze euros.
쓰와쌍뜨 – 깽즈   왜호

Situation ④

Madame

A quoi ça sert, Alex ?
아 꾸와   싸 쌔흐   알랙쓰

Alex

Ça sert à déboucher une bouteille.
싸 쌔흐 아 데부쉐   윈 부떼이으

Comment ça s'appelle ?
꼬망   싸 싸뺄

Un tire-bouchon.
앙 띠흐 부숑

Ah bon. On va boire du vin ?
아 봉   옹 바 브와흐 뒤 뱅

D'accord.
다꼬흐

Leçon 10

Situation ③

부인	긴 치마를 찾고 있어요.	• je voudrais	나는 ~원하다 원 vouloir
점원	어떤 색깔로요?	• jupe f.	치마
부인	저기 있는 빨간 치마를 볼 수 있을까요?	• long(ue)	긴
점원	예, 물론이죠.	• couleur f.	색깔
부인	아주 예쁜군요. 얼마죠?	• rouge	빨간
점원	75유로입니다.	• là-bas	저기
		• joli(e)	예쁜

Situation ④

부인	이것은 어디에 쓰는 물건이니, 알렉스?	• sert	~에 사용되다 원 servir
알렉스	병마개를 뽑는데 사용하는 거야.	• déboucher	마개를 열다
부인	뭐라고 하는 건대?	• bouteille f.	병
알렉스	띠흐-부숑(병따개)라고 하지.	• tire-bouchon m.	병따개
부인	아, 그렇군. 우리 포도주 마실까?	• boire	마시다
알렉스	좋아.		

Actes de parole

여러가지 색깔 표현 Track 31

1 색깔

드 갤 애 땔
De quelle couleur est-elle ?
이것은 무슨 색깔입니까?

앨 래 블뢰
Elle est bleue.
파란색입니다.

couleur 색깔

 블랑 **blanc** 흰색

 느와흐 **noir** 검정색

 오항쥬 **orange** 오렌지색

 후쥬 **rouge** 빨강

 죤 **jaune** 노란색

 블뢰 **bleu** 파란색

 베흐 **vert** 녹색

 비올레 **violet** 보라색

 호즈 **rose** 장미빛

 그히 **gris** 회색

 도헤 **doré** 금색

 아흐장떼 **argenté** 은색

쉽게 이해되는 해설

01 수형용사

앞과에 이어 계속해서 숫자에 대해 알아보자. Cent 100의 배수에는 s가 붙고, 배수가 아닌 경우 s가 빠진다. mille 1000의 경우에는 배수라도 절대 s를 붙이지 않는다.

100	cent 쌍		1.000	mille 밀
101	cent un 쌍 왱		2.000	deux mille 되 밀
150	cent cinquante 쌍 쌩깡뜨		10.000	dix mille 디 밀
200	deux cents 되 쌍		100.000	cent mille 쌍 밀
500	cinq cents 쌩 쌍		1.000.000	un million 왱 밀리옹
900	neuf cents 쌍		5.000.000	cinq millions 쌍 밀리옹

02 분배 및 단위의 le   le ~마다, ~당

le는 ~마다·~당이라는 뜻으로, 분배나 단위를 나타낼 때 사용한다. 이때의 le는 남성단수 정관사 le와 구별해야 한다.

예 C'est combien le kilo ?   킬로 당 얼마입니까?
   쎄   꽁비앵   르 낄로

03 부분관사   du / de la

이미 앞에서 부정관사 un/une와 정관사 le / la에 대해 학습하였다. 이번 과에서는 부분관사 du 뒤 /de la 드 라 에 대해 알아보자. 부분관사는 물질명사나 추상명사 등 셀 수 없고 정해지지 않은 명사에 쓰이며, 보통 우리말로는 번역하지 않는다.

	남성	여성
단수	du 뒤	de la 드 라

예 Je bois du vin.   나는 포도주를 마신다.
   쥬 브와 뒤 뱅

   Il mange de la salade.   그는 샐러드를 먹는다.
   일 망쥬 드 라 쌀라드

   De l'eau, s'il vous plaît !   물 주세요!
   드 로   씰 부 쁠래

물질 명사란?
포도주, 설탕, 물, 공기 등 이며
추상명사란?
돈, 사랑, 행운 등을 말한다.

쉽게 이해되는 해설

또한, 부정관사나 부분관사가 직접보어인 명사 영어의 직접목적어 에 붙을 때는 부정문에서는 de로 변한다.

예) Je ne bois pas de café.
쥬 느 브와 빠 드 까페   나는 커피를 마시지 않는다.

04 형용사의 특수한 여성형

앞에서 이미 형용사의 성과 수 ▶p57참고 에 대해 공부하였지만, 여기서는 일반적인것이 아닌 특수하게 변하는 형용사들에 대해 알아보자. 대부분 형용사의 여성형은 모두 **남성형 +e**의 형태지만, 남성형 어미의 형태에 따라 여성형도 다르게 변하는 형용사들이 있다.

규칙활용

남성형	여성형	예		뜻
-e	-e	rouge 후쥬	⇨ rouge 후쥬	빨간
-er	-ère	léger 레제	⇨ légère 레재흐	가벼운
-f	-ve	neuf 놰프	⇨ neuve 놰브	새로운
-eux	-euse	heureux 외해	⇨ heureuse 외해즈	행복한

불규칙활용

남성형	여성형	뜻	남성형	여성형	뜻
blanc 블랑	blanche 블랑슈	흰	long 롱	longue 롱그	긴

05 부정 대명사   on : 우리들, 사람들, 누군가

on은 구어체에서 주로 nous를 대신해 쓰이는 대명사로, 사람을 대신해 주어로만 사용된다. 우리들, 사람들, 누군가등의 뜻을 나타내며, 보통 남성 단수 취급한다.

예) On prend un taxi ? = Nous prenons un taxi ?   우리 택시 탈까?
옹 프항 왱 딱씨   누 프흐농 왱 딱씨

바꿔쓰는 표현

1 가격

질문			
	C'est 쎄		
	Ça fait 싸 패		
	Ça coûte 싸 꾸뜨	combien ? 꽁비앵	얼마입니까?
	Je vous dois 쥬 부 드와		
	Quel est le prix ? 깰 애 르 프히		

대답			
	C'est 쎄	50 euros. 쌩깡뜨 왜호	
	Ça fait 싸 패	75 euros. 쓰와쌍뜨깽즈 왜호	50 75 유로 입니다. 135
	Ça coûte 싸 꾸뜨	135 euros. 쌍트항뜨쌩고 왜호	

2 색깔

질문	De quelle couleur 드 깰 꿀래호	est-elle ? 애 땔	이것은 무슨 색깔입니까?
대답	Elle est 앨 애	bleue. 블뢰 rouge. 후쥬 blanche. 블랑슈	파란색 그것은 붉은색 입니다. 흰색

Culture Française  프랑스어의 특징 · 프랑스인

① 프랑스어의 형성

오늘날 프랑스어는 골 Gaule 지방에서 사용되던 라틴어 중에서도 파리와 일-드-프랑스 Île-de-France를 중심으로 사용되던 언어가 여러 변천 과정을 거쳐 이루어진 것이에요. 봉건시대에 로망어는 북부 지방의 오일어 Langue d'oïl와 남부 지방의 오크어 Langue d'oc로 분화되었어요.

근래에는 일-드-프랑스 Île-de-France의 중심인 파리에서 잘 다듬어진 언어가 프랑스 전역에 걸쳐 표준 프랑스어로서의 확고한 위치를 차지하게 되었답니다.

② 라틴어와 프랑스어

18세기 말에는 새로운 사상들이 도입된 시기라고 할 수 있는데, 이때 특히 인문과학과 자연과학에 괄목할 만한 발전을 이룩했고, 그리스어에서 많은 신조어들이 차용되기도 하였다. 프랑스어는 귀족계층의 언어로 인정받았지만, 대학과 여러 교회에서는 여전히 라틴어가 공용어로 사용되었다.

1789년 프랑스 대혁명에서부터 19세기까지, 중산층 계급의 권력장악과 기계 산업의 발달, 그리고 교육에 있어 일반화를 이루는 커다란 변화가 있었다.

따라서 프랑스 언어에 있어 중앙 집권화 현상으로 인해 문법이 표준화되고, 각 계층의 사람들은 점점 올바른 철자법을 익히게 되어 많은 사람들이 표준 프랑스어를 구사하고 쓸 수 있는 단계에 이르게 되었다. 그러자 라틴어 사용도 점점 줄어들어 학교에서의 교과 과목의 하나로 축소되었다.

③ 명확하지 않으면 프랑스가 아니다 Ce qui n'est pas clair n'est pas français.

1. 음성체계의 특징
발음의 '선명함'과 '정확성' 그리고 모음 음색이 다양하며, 단어는 대체로 짧고 악센트가 약한 특성을 가진다.

2. 간결하다
간단하고 짧은 단어와 요점이 축소된 표현을 선호한다. 그래서 길고 복잡한 단어나 표현을 간단하고 짧게 만들어 가는 경향이 있으며, 굳어진 표현 즉, 관습적 표현 방식이나 격언 같은 것을 즐겨 사용한다.

3. 논리적이다
프랑스인들은 현실을 분석하기를 좋아한다. 그들은 일반적으로 이야기의 주제가 되는 사람 또는 사물을 그것의 특성이나 그것이 하는 일을 말하기 전에 언급한다. 모든 일에 논리적 질서를 확립하여 단어 상호간의 관계를 설명하고 상세하게 표시하는 데, 어휘가 갖고있는 추상성으로 개념을 표현하는데 유리하다.

프랑스인의 기질과 성격

프랑스인들은 자신의 생각을 솔직하고 분명하게 밝히기를 좋아한다. 즉, 너도 옳고 나도 옳다는 '양시론'을 매우 싫어한다. 가혹할 정도로 상대의 약점을 풍자하는 재치도 프랑스인들의 중요한 특징이다.

이러한 프랑스인의 성격은 그들의 조상인 골족의 기질에서 비롯된 것이다. 옛날 골지방 Gaule 오늘날의 프랑스땅 에는 켈트족이 살았는데 이들을 로마인들은 '골지방에 사는 사람'이라는 의미에서 골르와 Gaulois 라틴어로는 gallus 라고 불렀다. 이 라틴어는 골지방 사람이라는 의미와 동시에 '수탉'이라는 의미도 갖게 되었는데, 이것은 프랑스인의 조상 켈트족이 로마인들의 눈에 수탉의 성질, 즉 솔직하고 쾌활하며 외설스런 기질을 가진 사람들로 비쳤음을 의미한다.

보통 프랑스인들은 명랑하고 낙관적이며 포도주와 좋은 음식을 즐긴다. 또, 실용적이고 현실적이며 재치 있고 융통성이 있다. 양식있는 사고와 행동을 한다. 사람들은 태평하고 충동적인 편이며, 호기심 많고 놀이를 좋아하며 예술을 즐긴다.

또, 비판하기를 좋아하며, 재치있는 말과 행동을 잘하는 편이다.

11　여보세요!
Allô !

Situation ①

Sylvie

Allô ? Est-ce que Paul est là, s'il vous plaît ?
알로　애 스 끄　뽈　애 라　씰 부　쁠래

Paul

Oui, c'est moi. Qui est à l'appareil ?
위　쌔 므와　끼 애 따 라빠해이

C'est Sylvie.
쌔　씰비

Salut, Sylvie !
쌀뤼　씰비

Salut, Paul !
쌀뤼　뽈

Situation ②

Henri

Allô ? Nicole ? C'est Henri à l'appareil.
알로　니꼴　쌔　앙히　아 라빠해이

Sylvie

Quel numéro appelez-vous ?
꺌　뉘메호　아쁠레　부

Quarante-quatre, zéro un, cinquante-trois,
까항뜨　　까트흐　제호　왱　쌩깡뜨　　　트화
quarante-deux.
까항뜨　　되

Je suis désolée, mais c'est une erreur.
쥬 쒸　데졸레　매　쌔　뛴　에해흐

Oh, excusez-moi.
오　엑쓰뀌제　므와

Ce n'est pas grave.
쓰　내　빠　그하브

Leçon 11

Situation ①

실비	여보세요? 뽈 있나요?		allô	여보세요
뽈	예, 접니다. 누구세요?			
실비	나 실비야.			
뽈	안녕, 실비.			
실비	안녕, 뽈.			

Situation ②

앙리	여보세요? 니꼴? 나 앙리야.		appareil m.	기구, 장치
실비	몇 번에 거셨습니까?		numéro m.	번호
앙리	44.01.53.42입니다.		erreur f.	잘못, 실수
실비	죄송합니다만, 잘못 거셨습니다.		grave	심각한, 무거운
앙리	오, 죄송합니다.			
실비	괜찮습니다.			

Situation ③

Pierre
Allô ? Je suis bien chez Françoise ?
알로 쥬 쒸 비앵 쉐 프항쓰와즈

Sophie
Bien sûr, Monsieur ! Mais qui est à l'appareil ?
비앵 쒸흐 므씨외 매 끼 애 따 라빠해이

Ici, c'est Pierre, l'ami de Françoise.
이씨 쌔 삐애흐 라미 드 프항쓰와즈

Ah, bonjour, Pierre. Ne quitte pas.
아 봉쥬흐 삐애흐 느 끼뜨 빠
Je te la passe.
쥬 뜨 라 빠쓰

Situation ④

employée
Allô ! SNCF, bonjour.
알로 애쓰앤쎄애프 봉쥬흐

Zidane
Bonjour, je voudrais parler à M. Maure,
봉쥬흐 쥬 부드해 빠흘레 아 므씨외 모흐
s'il vous plaît !
씰 부 쁠래

Je suis désolée, Monsieur, mais M. Maure est en ligne.
쥬 쒸 데졸레 므씨외 매 므씨외 모흐 애 땅 리뉴
Vous voulez laisser un message ?
부 불레 래쎄 왱 메싸쥬

Non, merci.
농 매흐씨

Leçon 11

Situation ③

삐에르	여보세요? 프랑스와즈네 맞나요?	ami(e)	친구
소피	예, 맞습니다. 실례지만 누구세요?	quitter	떠나다
삐에르	프랑스와즈의 친구, 삐에르입니다.	passer	건네주다, 지나가다
소피	아, 안녕, 삐에르. 끊지 마. 바꿔 줄게.		

Situation ④

직원	여보세요. 프랑스 국영 철도공사 SNCF 입니다.	SNCF	프랑스 국영 철도 공사
지단	안녕하세요? 모르씨와 통화하고 싶습니만.	ligne f.	선
직원	죄송하지만, 모르씨는 통화중입니다. 메시지를 남겨주시겠습니까?	laisser	남기다
지단	아니오, 괜찮습니다.	message m.	메시지

137

# Actes de parole

여러가지 전화 표현

1 전화하기

원　　땔레카흐뜨　　아 쌩꺙 뛰니떼　　씰부쁠레
Une télécarte à 50 unités. SVP !
50 유닛짜리 전화카드를 주세요.

:: SVP는 s'il vous plaît의 줄임말이다.

le téléphone public

la cabine téléphonique 전화 박스

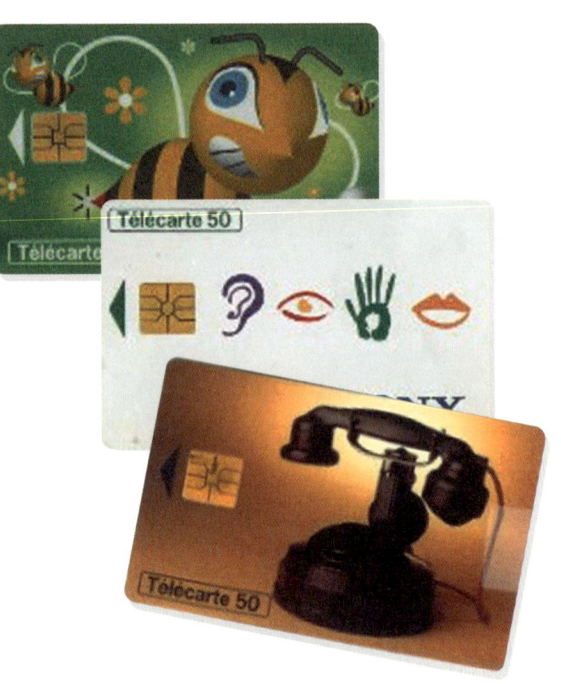

공중 전화카드

138

쉽게 이해되는 해설

01 동사의 활용 — appeler 부르다·전화하다

appeler 는 이미 학습한 **-er** 1군 규칙동사의 활용과 같이 변화한다. 복습하는 의미에서 다시 한 번 잘 익혀두도록 하자.

★ **appeler**의 활용

j'	**appelle** 자뻴	나는 ~부르다	nous 누	**appelons** 자쁠롱	우리는 ~부르다
tu 뛰	**appelles** 아뻴	너는 ~부르다	vous 부	**appelez** 자쁠레	당신들은 부르다
il/elle 일/앨	**appelle** 아뻴	그/그녀는 ~부르다	ils/elles 일/앨	**appellent** 자뻴	그/그녀들은 ~부르다

02 목적보어 인칭대명사 Ⅱ

이번과에서는 앞에서 잠깐 학습한 목적보어 인칭대명사에 관해 더 자세히 알아보도록 하자. ~을이라는 뜻이 되는 것을 **직접 보어 인칭대명사**라 하고, ~에게라는 뜻이 되는 것을 **간접 보어 인칭대명사** 라 한다는 것은 이미 알고 있을 것이다.

 보어 인칭대명사 – p86참고

 이전에 잠깐! 기억하고 있는지 한번 읽고 넘어 가자.

1. 목적보어 인칭대명사는 긍정 명령문을 제외하고 항상 동사 앞에 놓이며, 3인칭 단수 직접인 경우에만 성의 구별이 있다.

   예 Je la regarde. 나는 그녀를 본다.
   쥬 라 흐가흐드

2. 모음이나 무성 h로 시작하는 명사 앞에서는 me, te, le, la 대신 m', t', l' 을 쓴다.

   예 Je t'aime. 나는 너를 사랑해.
   쥬 땜므

쉽게 이해되는 해설

그럼, 이번에는 직접, 간접 목적보어를 인칭대명사의 순서에 대해 알아보자.

1. 간접 목적보어가 1·2인칭일 경우 직접 목적보어 앞에 온다.

예 Paul me le donne. 뽈은 나에게 그것을 준다.
   뽈 므 르 돈느

2. 간접 목적보어가 3인칭일 경우 직접 목적보어 뒤에 온다.

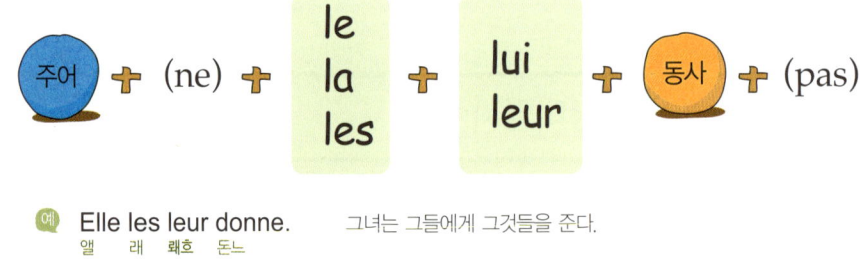

예 Elle les leur donne. 그녀는 그들에게 그것들을 준다.
   엘 래 뢔호 돈느

03 긍정 명령문   동사–목적 보어 인칭 대명사

긍정 명령문의 경우 동사 뒤에 목적보어 대명사가 놓인다. 그리고 동사와 대명사를 [-]으로 연결한다. 아래의 예문에서는 **moi**나에게가 간접 목적보어 대명사이고, **votre valise** 당신의 가방이 직접 목적보어이다.

제게 당신의 가방을 주세요.

바꿔쓰는 표현

> 알로 쥬 부드해 빠흘레 아 삐애흐 씰 부 쁠래
> **Allô ! Je voudrais parler à Pierre, s'il vous plaît.**
> 여보세요! 삐에르씨 좀 바꿔 주세요.

1 전화하기

C'est lui-même.
쌔 뤼 맴
예, 접니다.

Non, il / elle n'est pas là.
농 일 / 앨 내 빠 라
[그분은/그녀는] 안 계십니다만...

Je suis désolé, mais c'est une erreur.
쥬 쒸 데졸레 매 쌔 뛴 에해흐
미안하지만, 잘못 거셨습니다.

2 상대방 확인

질문

Qui est à l'appareil ?
끼 애 따 라빠해이
여보세요! 누구세요?

C'est de la part de qui ?
쌔 드 라 빠흐 드 끼

대답

Ici, c'est Alex.
이씨 쌔뜨 알랙쓰
저는 알렉스입니다.

De M. Dupont.
드 므씨외 뒤뽕
저는 뒤뽕입니다.

3 메시지 남기기

Voulez-vous laisser un message ?
불레 부   래쎄 앙 메싸쥬
메시지를 남기겠습니까?

Veux-tu
뵈 뛰
메시지를 남기겠니?

Est-ce que je peux laisser un message ?
애스 끄 쥬 쁘 래쎄 앙 메싸쥬
메세지를 남겨도 될까요?
(남길 수 있겠습니까?)

Dites-lui de me rappeler.
디뜨 뤼 드 므 하쁠레
저에게 전화하라고 전해주세요.

141

12 어디서 볼까?
On se voit où ?

Situation ①

Philippe

Tu es libre ce vendredi ?
뛰 애 리브흐 쓰 방드흐디

Marie

Oui, je suis libre. Mais, pourquoi ?
위 쥬 쒸 리브흐 매 뿌흐꼬와

Alex et moi, nous allons à la FNAC.
알렉쓰 에 므와 누 잘롱 아 라 프낙
Tu viens avec nous ?
뛰 비앵 아벡끄 누

D'accord.
다꼬흐

Situation ②

Philippe

Qu'est-ce que tu vas faire ce samedi ?
께 스 끄 뛰 바 패흐 쓰 쌈디

Marie

Rien de spécial.
히앵 드 쓰뻬씨알

Tu veux aller aux Puces avec moi ?
뛰 뵈 알레 오 쀠쓰 아벡끄 므와

C'est une bonne idée !
쌔 뛴 보 니데
Mais c'est à quelle heure le rendez-vous ?
매 쌔 따 꺨 홰흐 르 항데 부

À 9 heures du matin, à la station du métro Iéna.
아 놰 왜흐 뒤 마땡 아 라 쓰따씨옹 뒤 메트호 이에나

Entendu ! A samedi !
앙땅뒤 아 쌈디

Leçon 12

Situation ①

필립	금요일에 한가하니?	
마리	그래, 시간 있어. 그런데 왜?	
필립	알렉스와 나는 프낙에 가기로 했어. 우리와 함께 갈래?	
마리	좋아.	

- libre — 한가한
- vendredi m. — 금요일
- pourquoi — 왜
- FNAC f. — 프낙 상점이름

Situation ②

필립	이번 토요일에 뭐 할거니?
마리	특별한 거 없어.
필립	나와 함께 벼룩 시장에 갈래?
마리	좋은 생각이야! 그런데, 몇 시에 만날 거니?
필립	아침 9시에, 지하철 이에나 역에서야.
마리	알았어! 토요일에 보자!

- samedi m. — 토요일
- rien — 아무 것도 ~이 아니다
- spécial — 특별한
- tu veux — 너는 ~원한다 원 vouloir
- Puces — 벼룩시장
- bon(ne) — 좋은
- idée f. — 생각
- rendez-vous m. — 약속
- matin m. — 아침
- station f. — 정거장, 지하철 역
- métro m. — 지하철
- entendu(e) — 이해된, 알아들은

12

Situation ③

Marie

Quel beau temps !
깰 보 땅

Léon

Oui, c'est vrai. Il fait très beau.
위 쌔 브해 일패 트해 보

C'est parce qu'on est en été.
쌔 빠흐쓰 꼬 내 아 네떼

Mais il fait trop chaud.
매 질 패 트호 쇼

Oui, j'ai soif.
위 줴 쓰와프

On va au café ?
옹 바 오 까페

D'accord, on y va !
다꼬흐 오 니 바

Situation ④

Marie

Quel mauvais temps, aujourd'hui !
깰 모배 땅 오쥬흐뒤

Léon

Oui, il fait gris et il y a du vent.
위 일 패 그히 에 일 이아 뒤 방

Oh, j'ai froid.
오 줴 프화

Quel temps fait-il demain ?
깰 땅 패 띨 드맹

Demain, il va pleuvoir.
드맹 일 바 쁠뢰브와흐

C'est vrai ? Je n'aime pas la pluie.
쌔 브해 쥬 냄므 빠 라 쁠뤼

Leçon 12

Situation ③

마리	날씨 정말 좋다.	• beau, belle	아름다운
레옹	그래, 맞아. 매우 화창한걸.	• temps [m.]	날씨, 세월
마리	왜냐하면 여름이니까.	• vrai	사실인
레옹	그런데, 너무 더워.	• parce que	왜냐 하면
마리	그래, 나는 목이 마른데.	• été [m.]	여름
레옹	카페에 갈래?	• trop	너무
마리	좋아! 가자.	• chaud(e)	더운
		• soif [f.]	목마름

Situation ④

마리	참으로 궂은 날씨군!	• mauvais(e)	나쁜
레옹	그래, 흐리고 바람이 분다.	• aujourd'hui	오늘
마리	오, 추워라.	• gris	흐린, 회색의
레옹	내일 날씨는 어떨까?	• vent [m.]	바람
마리	내일, 비가 올거야.	• froid(e)	추운
레옹	정말? 나는 비가 싫어.	• demain [m.]	내일
		• pleuvoir	비가 내리다
		• pluie [f.]	비

145

Actes de parole

여러가지 날씨와 상태표현

Track 37

le temps 르 땅 날씨

일 패 보
Il fait beau.
날씨가 좋다.

일 패 그히
Il fait gris.
날씨가 흐리다.

일 쁠뢰
Il pleut.
비가 온다.

일 패 뒤 방
Il fait du vent.
바람이 분다.

라 푸드흐
La foudre.
번개

라 내쥬
La neige
눈

줴 프화
J'ai froid.
춥다.

줴 쇼
J'ai chaud.
덥다.

상태표현

줴 팽
J'ai faim.
배고프다

줴 스와프
J'ai soif.
목마르다

줴 소메이
J'ai sommeil.
졸립다

줴 말
J'ai mal.
아프다

맛을 나타내는 말

쒸크헤
sucré
단

쌀레
salé
짠

아씨드
acide
신

아메흐
amer
쓴

삐깡
piquant
매운

01 3군 불규칙 동사 venir 오다

être ~이다 aller 가다 와 함께 3군 불규칙 동사의 대표적 동사이므로, 그 활용을 잘 외워두도록 하자.

★ venir의 활용

je 쥬	viens 비앵	나는 ~오다	nous 누	venons 브농	우리는 ~오다
tu 뛰	viens 비앵	너는 ~오다	vous 부	venez 브네	당신들은 ~오다
il/elle 일/앨	vient 비앵	그는/그녀는 ~오다	ils/elles 일/앨	viennent 비앤	그/그녀들은 ~오다

> 예) Tu viens avec nous ? 우리와 함께 갈래?
> 뛰 비앵 아베끄 누

02 Rendez-vous + 시간 + 장소 ~시에 ~에서 만나자

시간과 약속을 정할 때, 많이 사용하는 표현이다. 형태를 잘 알아두자.

> 예) Rendez-vous à midi à la station. 정오에 정거장에서 만나자.
> 헝데 부 아 미디 아 라 쓰따씨옹

03 감탄문 Quel + 형용사 + 명사

의문 형용사는 원래 어떤~ 무엇의 뜻이지만, 참으로 ~하다라는 의미의 감탄문에서 쓰이기도 한다. 수식하는 명사의 성과 수에 따라 다음과 같이 변화한다.

성과 수	남성단수	여성단수	남성복수	여성복수
의문형용사	quel 깰	quelle 깰	quels 깰	quelles 깰

> 예) Quel beau temps aujourd'hui ! 오늘 정말 좋은 날씨다!
> 깰 보 땅 오쥬흐뒤
> Quelle chance ! 정말로 운이 좋구나!
> 깰 샹쓰

쉽게 이해되는 해설

04 비인칭 구문
형식적인 주어 Il을 사용

날씨나 기온, 때, 시간을 나타낼 때에도 비인칭 주어 Il을 사용한다.

예) Il fait beau. 날씨 화창합니다.
　　일 패 보

　　Il fait ─ mauvais. 날씨가 나쁩니다.
　　일 패　　모배
　　　　　 ─ chaud. 덥습니다.
　　　　　　 쇼
　　　　　 ─ froid. 춥습니다.
　　　　　　 프후와

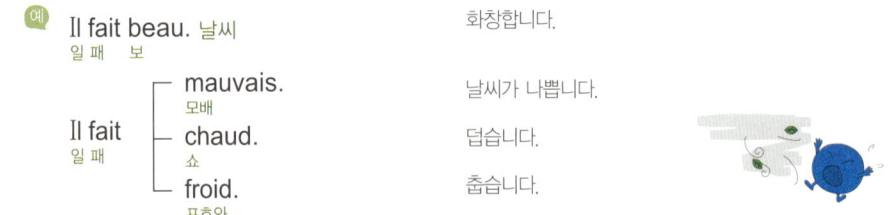

05 avoir + 무관사 명사

avoir 뒤에 관사 없이 명사가 함께 쓰여 자주 사용되는 표현들이 있다. 한 문장을 통째로 외워두도록 하자. avoir 가지고 있다 동사에 대해서는 이미 5과 P85에서 학습하였다. 여기서는 그 기본 뜻 외에 avoir 관용구에 대해 학습하도록 하자.

Avoir faim. 배고프다	Avoir soif. 목마르다	Avoir chaud. 덥다
아브와흐 팽	아브와흐 쓰와프	아브와흐 쇼
Avoir froid. 춥다	Avoir mal. 아프다	Avoir peur. 무섭다
아브와흐 프화	아브와흐 말	아브와흐 빠흐

★avoir의 부정

je 쥬	n'ai pas 내 빠	나는 ~가지고 있지 않다	nous 누	n'avons pas 나봉 빠	우리는 ~가지고 있지 않다
tu 뛰	n'as pas 나 빠	너는 ~가지고 있지 않다	vous 부	n'avez pas 나베 빠	당신(들)은 ~가지고 있지 않다
il/elle 일/앨	n'a pas 나 빠	그/그녀는 ~가지고 있지 않다	ils/elles 일/앨	n'ont pas 농 빠	그/그녀들은 ~가지고 있지 않다

예) J'ai chaud. 더워요.　　　　J'ai faim. 배가 고파요.
　　쮀 쇼　　　　　　　　　　쮀 팽

　　J'ai soif. 목말라요.　　　　Je n'ai pas faim. 배가 고프지 않아요.
　　쮀 쓰와프　　　　　　　　쥬 내 빠 팽

○ 명사 앞의 de를 사용하지 않는다.

1 약속 시간 정하기

질문
Vous êtes libre quand ?
부 재뜨 리브흐 깡
언제 시간 있으십니까?

Tu es libre ce soir ?
뛰 애 리브흐 쓰 쓰와흐
저녁에 시간 있니?

대답
Je suis libre mercredi.
쥬 쒸 리브흐 매흐크흐디
수요일에 시간 있어요.

Non, j'ai un rendez-vous.
농 줴 왱 항데 부
아니, 약속이 있어.

2 약속 장소 정하기

질문
On se voit quand ?
옹 ·쓰 브와 깡
언제 만날까?

On se voit où ?
우
어디에서 만날까?

대답
On se voit au Café de la Paix.
옹 쓰 브와 오 까페 드 라 뻬
까페 드 라 뻬에서 만납시다.

Rendez-vous à 7 heures du soir devant le cinéma.
항데 부 아 쌔 뙈흐 뒤 쓰와흐 드방 르 씨네마
오후 7시에 영화관 앞에서 만납시다.

3 날씨

질문
Quel temps fait-il (là-bas) ?
깰 땅 패 띨 라 바
(거기) 날씨는 어때요?

대답
Il fait beau.
일 패 보
날씨가 좋습니다.

Il fait mauvais.
모배
날씨가 나쁩니다.

Il fait chaud.
쇼
덥습니다.

Culture Française  생활 속에 쓰이는 프랑스어

우리가 흔히 쓰는 말에도 조금만 관심을 기울이면 프랑스어에서 빌려온 말들을 쉽게 찾아볼 수 있어요. 특히 예술(미술이나 발레) 용어나 상표 등에서 쉽게 발견 되며, 이번 시간에는 흔히 접하는 생활 속의 프랑스어를 알아보도록 해요.

엄마 화장대에 보면 화장품들 이름이 거의 다~ 프랑스어 같아요.

① 상표로 쓰이는 프랑스

맞아요. 우리가 알고 있는 대부분의 화장품 회사 이름이 프랑스어로 되어 있답니다.

◆ 화장품

CHANEL	샤넬	
La Neige	라네즈	눈
De Bon	드봉	
Lac Vert	라끄베르	초록빛 호수
Rosée	로제	이슬
Devance	드방세	앞서 나가다
Etude	에뛰드	학습

샤넬과 드봉은 디자이너이름이여요.

◆ 의류

A la mode	아라모드	유행중인
Comme ci comme ça	꼼씨꼼싸	그럭저럭
Croisée	크로아제	교차로
Elle	엘르	그녀
Blanc noir	브랑누아	흑백
Dimanche	디망쉬	일요일
Renoir	르느와르	디자이너 이름
Yves Saint Laurent	이브생로랑	〃
Christian Dior	크리스찬디오르	〃
Pierre Cardin	피에르가르뎅	〃
CHANEL	샤넬	〃
Guy Laroche	기라로쉬	〃

♦ 식품

Tous Les Jours	뚜레주르	매일
Enfant	앙팡	아이
Mon cher tonton	몽셸통통	내 사랑하는 아저씨
Bonjour	봉주르	안녕하세요
Paris baguette	파리바게뜨	빵의 종류 중 하나
Croissant	크로아쌍	〃
Comète	꼬메뜨	혜성
Papillote	빠삐요뜨	종이에 싼 과자
Bon Appétit	본아페티	맛있게 드세요
Française	프랑세즈	프랑스여인

♦ 잡지

우리가 알고있는 대부분의 패션잡지 이름은 프랑스어로 되어있다. 패션 = 파리 = 프랑스라는 생각 때문인것 같다.

Ecole	에꼴	학교
La Belle	라 벨르	미인
Chic	쉬크	멋
Vogue	보그	유행
Figaro	피가로	
Marie Claire	마리 끌레르	

패션과 프랑스는 떨어질 수 없는 연인같은 관계죠.

♦ 기타

Rendez-vous	랑데부	만남	Printemps	쁘렝땅	봄	
Mon Ami	모나미	내 친구	Boutique	부띠끄	가게	
Le Mans	르망	도시이름	Maman	마망	엄마	

13 맛있게 드세요!
Bon appétit !

Situation ①

Madame: Voulez-vous passer à table ?
불레 부 빠쎄 아 따블

Monsieur: Oui.
위

Madame: Vous voulez vous mettre là ?
부 불레 부 매트흐 라

Monsieur: Ça a l'air délicieux.
싸 아 래흐 델리씨외

Madame: C'est quelque chose de très simple.
쌔 껠끄 쇼즈 드 트해 쌩쁠

Alors, bon appétit !
알로흐 보 나뻬띠

Monsieur: Bon appétit !
보 나뻬띠

Situation ②

Madame: Encore un peu de gâteau, Monsieur ?
앙꼬흐 왱 뻐 드 가또 므씨외

Monsieur: Non, merci.
농 매흐씨

Madame: Vous êtes sûr ? Allez, un tout petit peu...
부 재뜨 쒸흐 알레 왱 뚜 쁘띠 뻐

Monsieur: Non, vraiment.
농 브해망

Madame: Alors, un café, peut-être ?
알로흐 왱 까페 뻐 때트흐

Monsieur: Volontiers.
볼롱띠에

Leçon 13

Situation ①

부인	식탁으로 오시겠어요?	
아저씨	예.	
부인	이리로 앉으시겠어요?	
아저씨	맛있어 보이네요.	
부인	매우 간단한 거예요. 자, 맛있게 드세요.	
아저씨	맛있게 드세요.	

- passer — 지나가다, 통과하다
- table [f.] — 식탁
- se mettre — 자리잡다
- air [m.] — 외관, 공기
- délicieux — 맛 좋은
- quelque chose — 어떤것
- simple — 간단한
- appétit [m.] — 식욕

Situation ②

부인	과자 좀 더 드릴까요?	
아저씨	고맙습니다만, 괜찮습니다.	
부인	정말요? 자, 조금이라도 더 드시지요.	
아저씨	아니오, 정말 괜찮습니다.	
부인	그러면, 커피 한 잔은 어때요?	
아저씨	좋아요.	

- encore — 한번 더
- gâteau [m.] — 과자
- petit(e) — 작은
- vraiment — 정말로
- café [m.] — 커피, 카페
- peut-être — 아마
- volontiers — 기꺼이

Situation ③

vendeur

Que prenez-vous ?
끄 프흐네 부

hôte1

Alors deux salades niçoises, s'il vous plaît.
알로흐 되 쌀라드 니쓰와즈 씰 부 쁠래

Et comme dessert ?
에 꼼므 데쌔흐

Je voudrais de la mousse au chocolat.
쥬 부드해 드 라 무쓰 오 쇼꼴라

hôte2

Moi, je voudrais une glace.
므와 쥬 부드해 윈 글라쓰

Tout de suite.
뚜 드 쒸뜨

Situation ④

hôte1

L'addition, s'il vous plaît !
라디씨옹 씰 부 쁠래

vendeur

La voilà, Madame.
라 브왈라 마담

Voyons, ça fait combien ?
브와이옹 싸 패 꽁비앵

Ça fait 53 cinquante-trois euros, Madame.
싸 패 쌩깡뜨 트화 좌호 마담

154

Leçon 13

Situation ③

종업원	무엇을 드시겠습니까?	
손님1	니스식 샐러드 2인분 주세요.	
종업원	그리고 디저트는요?	
손님1	[무쓰 오 쏘꼴라] 주세요.	
손님2	제게는 아이스크림 주세요.	
종업원	곧 가져오겠습니다.	

- prenez ~을 들다 원 prendre
- salade f. 샐러드
- niçois(e) 니스(Nice)식의
- dessert m. 디저트, 후식
- mousse f. 무쓰(음식 종류)
- chocolat m. 초콜릿
- glace f. 아이스크림
- tout de suite 즉시

Situation ④

손님	계산서 주세요.
종업원	여기 있습니다, 부인.
손님	봅시다. 얼마입니까?
종업원	53 유로입니다. 부인.

- addition f. 계산(서)
- voyons 봅시다 원 voir
- fait 만들다 원 faire

Actes de parole

여러가지 식사 표현

1 식사 인사

<small>보   나뻬띠</small>
A: Bon appétit !
<small>맛있게 드세요!</small>

2 레스토랑에서

<small>부   재뜨   꽁비앵</small>
A: Vous êtes combien ?   몇 분이십니까?
<small>누   쏨므   까트흐</small>
B: Nous sommes quatre.   4명입니다.

<small>라   까흐뜨   씰 부   쁠래</small>
A: La carte, s'il vous plaît.   메뉴판을 주십시오.
<small>라   브왈라   므씨외</small>
B: La voilà, Monsieur.   여기 있습니다.

<small>깨   스 끄 부   프흐네</small>
A: Qu'est-ce que vous prenez ?   무엇을 드시겠습니까?
<small>뿌흐   므와   쥬 부드해   왱 꼬 꼬 뱅</small>
B: Pour moi, je voudrais un coq au vin.   저는 꼬꼬뱅으로 하겠습니다.

<small>라디씨옹   씰 부   쁠래</small>
A: L'addition, s'il vous plaît.
<small>계산서 주십시오.</small>
<small>라   브왈라   므씨외</small>
B: La voilà, Monsieur.
<small>여기 있습니다. 손님!</small>

156

쉽게 이해되는 해설

01 동사 mettre 놓다   재귀대명사 se + mettre 자리 잡다

mettre는 (물건을) 놓다의 뜻으로 타동사이며, se + mettre는 (스스로가) 놓인다, 즉 자리를 잡다, 찾다의 뜻이다. 이때의 se는 주어와 같은 사람/사물을 가리키는 보어대명사 재귀대명사 라고 하며, 주어의 인칭과 수에 따라 변화한다.

★ mettre의 활용

je 쥬	**mets** 매	나는 ~놓다	nous 누	**mettons** 매똥	우리는 ~놓다
tu 뛰	**mets** 매	너는 ~놓다	vous 부	**mettez** 매떼	당신들은 ~놓다
il/elle 일/앨	**met** 매	그/그녀는 ~놓다	ils/elles 일/앨	**mettent** 매뜨	그들/그녀들은 ~놓다

예) Je mets ma valise à terre.   나는 가방을 바닥에 놓는다
쥬 매 마 발리즈 아 떼흐

★ se mettre의 활용

je 쥬	**me mets** 므 매	나는 앉다	nous 누	**nous mettons** 누 매똥	우리는 앉다
tu 뛰	**te mets** 뜨 매	너는 앉다	vous 부	**vous mettez** 부 매떼	당신들은 앉다
il/elle 일/앨	**se met** 쓰 매	그/그녀는 앉다	ils/elles 일/앨	**se mettent** 쓰 매뜨	그/그녀들은 앉다

예) Vous vous mettez là.   저기에 앉으세요
부 부 매떼 라

> me, te, se는 모음이나 무성 h로 시작하는 말 앞에서는 m', t', s'가 된다.
> se mettre를 사전에서 찾을때는 se를 빼고 mettre로 찾아야 하며, 재귀대명사를 써야함을 나타내기 위해 v.pr.이라는 표시가 있다.

02 avoir l'air + 형용사   ~처럼 보인다

avoir l'air 뒤의 형용사는 보통 주어의 성과 수에 일치하며, ~처럼 보인다는 뜻을 나타낸다. p148 avoir 관용구에 이어 여기서는 avoir + l'air + 형용사에 대해 학습하도록 하자.

예) Elle a l'air content.   그녀는 만족한 것처럼 보인다.
앨 아 래흐 꽁땅

쉽게 이해되는 해설

* 대표적인 형용사에 대해 알아보자.

gentil(le) 상냥한 띠(이으)	mignon(ne) 귀여운 미뇽(뇬느)	heureux(se) 행복한 외회(즈)	fâché(e) 화가 난 파쉐
triste 슬픈	jeune 젊은	vieux vieille 늙은	haut(e) 높은
petit(e) 작은 쁘띠(뜨)	lourd(e) 무거운 루흐(드)	léger(ère) 가벼운 래줴(흐)	

03 | 부정대명사 + de + 형용사

형용사가 부정대명사 quelque chose, rien 등을 꾸며주기 위해서는 de 가 필요하다.

예) C'est quelque chose de très simple.   이것은 매우 간단한 거예요
쌔 깰끄 쇼즈 드 트해 쌩쁠

04 | comme ~로, ~로서

자격의 뜻으로 쓰인 comme 뒤에는 관사가 없다.

예) Que désirez-vous comme boisson ?   음료수로서 무엇을 원합니까?
끄 데지헤 부 꼼 브와쏭
Comme dessert ?   후식은요?
꼼 데쌔흐

05 | 음식의 재료에 쓰이는 au(= à + le), à la

요리 이름은 주재료 뒤에 au나 à la 등이 붙어 추가되는 재료나 가미되는 맛을 표현한다.

예) un coq au vin   꼬꼬뱅(포도주를 이용한 닭요리의 종류)
왱 꼬 꼬 뱅
la mousse au chocolat   초콜릿 무스
라 무쓰 오 쇼꼴라

06 | 목적보어 대명사 + voici / voilà

voici나 voilà는 전치사로 명사앞에 쓰이지만, 명사가 아닌 목적보어 대명사의 경우 voici 나 voilà 앞에 써야 한다. 동사와 같은 역할을 해서 목적보어 대명사가 그 앞에 놓인다.

예) Me voici.   나 여기 있어.
므 브와씨

La voilà.   그녀는[그것은] 여기에 있어.
라 브왈라

1 음식 제공하기

질문 Encore un peu de
앙꼬흐 왱 쀠 드
fromage ?
프호마쥬
viande ?
비앙드

치즈를 좀 더 드릴까요?
고기를

대답 Oh, je veux bien, merci.
오 쥬 뵈 비앵 매흐씨
Non, merci.
농 매흐씨

예, 고맙습니다.
고맙습니다만, 괜찮습니다.

2 맛있다고 말하기

C'est délicieux.
쌔 델리씨외
C'est excellent.
쌔 땍쎌랑
Ça a l'air délicieux.
싸 아 래흐 델리씨외

맛이 좋아요.
훌륭합니다.
맛있어 보이네요.

3 주문

질문 Qu'est-ce que vous
깨 스 끄 부
prenez ?
프흐네
désirez ?
데지헤
voulez ?
불레

드시겠습니까?
무엇을 원하십니까?
원하십니까?

대답 Je voudrais une salade.
쥬 부드해 윈 쌀라드
prends de la bière.
프항 드 라 비애흐

나는 샐러드를 원합니다.
맥주를

159

Culture Française  맛의 천국! 프랑스

① 역사적 배경

미각이 발달된 민족이었다는 것과 더운 지역과 추운 지역에 걸친 광대하고 비옥한 토지에서 생산되는 풍부한 재료와 해산물, 그리고 요리에서는 없어서는 안될 술이 많이 생산되며 경제적인 여유 등의 요인들이 겹쳐서 프랑스 요리가 세계적인 요리로 발달하는 계기가 되었다.

프랑스 요리는 소스가 매우 중요한 역할을 하죠. 다양한 재료와 향신료들이 요리사들만의 비법으로 다양하게 개발되어 요리에 사용되어 진답니다. 그래서 프랑스에 오면 다양하고 맛있는 요리를 많이 맛볼 수 있는 거랍니다.

② 일반적 특징

프랑스 요리의 특징은 소재를 충분히 살리고 합리적이며 고도의 기술을 구사하여 섬세한 맛을 내고 포도주, 향신료 및 소스로 맛을 낸다는 것이다. 포도주는 프랑스 요리와 관계가 깊으며 산지에 따라 맛, 빛깔, 향기 등이 다르고 종류가 수없이 많으며 요리의 재료에 따라 적절히 이용된다.

향신료로는 파슬리의 줄기, 후추, 로리에, 샐러리, 너트맥, 사프란 등이 있는데 이를 두서너 가지씩 합하여 사용함으로써 미묘한 맛을 창출해요. 또 프랑스 요리는 소스가 중요한 역할을 하여 다양하게 발달하였다.

③ 프랑스 요리의 코스는 다음과 같다.

1 Apéritif 아뻬리띠프 　식욕촉진음료　: 식욕을 돋구기 위한 식전 음료

2 Hors-d'oeuvre 오흐돼브흐　전채　: 간단한 야채류

3 Entrées 앙트헤　전식　: 본식 전에 먹는 가벼운 요리

4 Plat principal 쁠라 프행씨빨　본식　: 주로 viande 비앙드 육류, poissons 쁘와쏭 생선

5 Fromage 프호마쥬　　: 치즈

6 Desserts 데쌔흐　후식　: 케이크나 아이스크림

7 Café 까페　커피

이 중 **Entrée, Plat principal, Desser**은 필수이다.

식사하기 전에는 **Bon appétit !** 보 나뻬띠 라고 인사하고 식사를 시작한다. 식사할 때 음료수 boisson 로 광천수나 포도주를 마신다.

포도주는 크게 적포도주 **vin rouge**, 백포도주 **vin blanc** 분홍포도주 **vin rosé** 3가지로 나뉘는데, 적포도주는 주로 육류와, 백포도주는 생선과 잘 어울리며, 분홍포도주는 대중적인 와인으로 어떤 음식에도 잘 어울린다.

14

샤르트르 행 기차표 한 장 주세요.
Un billet pour Chartres, s'il vous plaît !

Situation ①

hôte

Un billet pour Chartres, s'il vous plaît !
왱   비이에   뿌흐   샤흐트흐   씰 부 쁠래

employée

En première ou en seconde ?
앙   프흐미애흐   우 앙 쓰꽁드

En seconde.
앙   쓰꽁드

Un aller simple ou un aller-retour ?
왜 날레 쌩쁠   우 왜 날레 흐뚜흐

Un aller simple.
왜 날레 쌩쁠

Situation ②

hôte

Un billet aller (et) retour pour Cannes,
왱 비이에 알레 에 흐뚜흐 뿌흐 깐느
s'il vous plaît !
씰 부 쁠래

employée

Par l'express ?
빠흐 랙쓰프해쓰

Non, le TGV.
농   르 떼줴베

Fumeurs ou non-fumeurs ?
퓌왜흐   우 농 퓌왜흐

Non-fumeurs.
농   퓌왜흐

162

Leçon 14

Situation ①

손님	샤르트르 행 기차표 한 장 주세요.
직원	일등석이요, 이등석이요?
손님	이등석으로 주세요.
직원	편도로 드릴까요, 왕복으로 드릴까요?
손님	편도로 주세요.

- **billet** m. 표, 승차권, 입장권
- **première** f. 첫번째 여성
- **ou** 또는
- **seconde** f. 두번째 여성
- **aller (et) retour** 왕복(표)

Situation ②

손님	깐느행 왕복 승차권 주세요.
직원	급행으로요?
손님	아니오, 떼제베요.
직원	흡연석이요, 금연석이요?
손님	금연석이요.

- **express** m. 급행 열차
- **TGV** m. 떼제베 고속열차
- **fumeur** m. 흡연(자), 흡연실
- **non-fumeur** m. 금연(자)

14

Situation ③

Monsieur

Je voudrais aller au parc Monceau.
쥬 부드해 잘레 오 빠흐끄 몽쏘
Vous pouvez me dire où il faut descendre ?
부 뿌베 므 디흐 우 일 포 데쌍드흐

Mademoiselle

Vous descendez rue du Faubourg, au quatrième arrêt.
부 데쌍데 휘 뒤 포부흐그 오 까트리앰므 아헤

Combien de temps je vais mettre à pied ?
꽁비앵 드 땅 쥬 배 매트흐 아 삐에

Oh, environ 10 minutes.
오 앙비홍 디 미뉘뜨

Situation ④

Monsieur

Vous m'emmenez à l'aéroport de Roissy, s'il vous plaît ?
부 망므네 아 라에호뽀흐 드 흐와씨 씰 부 쁠래

chauffeure

Oui, Monsieur.
위 므씨외

Vite, je suis pressé.
비뜨 쥬 쒸 프헤쎄

D'accord.
다꼬흐

C'est combien ?
쎄 꽁비앵

Ça fait 28 vingt-huit euros.
싸 패 뱅뜨위 왜호

Gardez la monnaie, s'il vous plaît !
가흐데 라 모내 씰 부 쁠래

Leçon 14

Situation ③

아저씨	몽쏘 공원에 가기를 원합니다. 어디서 내려야 할지 말해 주시겠습니까?		
아가씨	네 번째 정거장인 포부르가에서 내립니다.		
아저씨	걸어서 시간이 얼마나 걸립니까?		
아가씨	오, 대략 10분정도 걸립니다.		

- parc m. — 공원
- Monceau — 몽쏘 지명
- dire — 말하다
- descendre — 내리다
- rue f. — 거리, 길
- Faubourg — 포부르 지명
- quatrième — 네번째의
- arrêt m. — 정거장, 멈춤
- temps m. — 시간, 날씨
- mettre — 걸리다, 놓다
- pied m. — 발
- environ — 대략
- minute f. — 분

Situation ④

아저씨	르와씨 공항에 가주실래요?
기사	예.
아저씨	빨리요, 급합니다.
기사	알겠습니다.
아저씨	얼마에요?
기사	28유로입니다.
아저씨	잔돈은 그냥 가지세요.

- emmenez — 데리고 가다 원 emmener
- l'aéroport de Roissy — 르와씨 샤를 드골 공항
- pressé(e) — 바쁜
- gardez — 가지다 / 지키다 원 garder
- vingt-huit — 28
- monnaie f. — 잔돈

Actes de parole

여러가지 교통 표현

1 교통

_{깨 스 끄 뛰 프항}
Qu'est-ce que tu prends ?   너는 무엇을 타고 가니?

 앙 뷔스 **en bus** 버스로

 앙 브와뛰흐 **en voiture** 차로

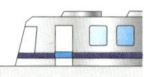 앙 메뜨호 **en métro** 지하철로

 앙 탁씨 **en taxi** 택시로

 아 나비옹 **en avion** 비행기로

 아 삐에 **à pied** 걸어서

까흐푸흐 **carrefour** 사거리

쥬 므 쒸 뻬흐뒤 **Je me suis perdu(e).** 길을 잃었어요.

푀 **feux** 신호등

뚜흐네 **tourner** (턴하여) 돌다

뚜 드후아 **tout droit** 똑바로

아 드후와뜨 **à droite** 오른쪽으로

아 고슈 **à gauche** 왼쪽으로

01 전치사 pour
~행(방향), ~을 위한, ~에게는

pour 는 목표지점으로 다가가는 상태를 나타내는 전치사로, 여러가지 뜻이 있다. 전치사 뒤에 오는 동사나 명사들의 형태에 주의하자.

❶ ~행(방향)

> Un billet pour Avignon aller et retour, s'il vous plaît ! 아비뇽행 왕복표 한 장 주세요.
> 왱 비예 뿌흐 아비뇽 알레 에 흐뚜로 씰 부 쁠래
>
> Combien de temps faut-il pour aller à Lyon en train ?
> 꽁비앵 드 땅 포 띨 뿌흐 알레 아 리옹 앙 트행
> 리옹까지 가기 위해서는 기차로 몇시간 걸립니까?

❷ ~을 위한

> C'est un cadeau pour toi. 이건 널 위한 선물이야.
> 쌔 땡 까도 뿌흐 뜨와

❸ ~에게는

> Pour moi, un poulet au riz. 저에게는 밥을 곁들인 닭고기를 주세요.
> 뿌흐 므와 왱 뿔레 오 히

02 Combien de temps... ?
얼마나 많은 시간이...?

Combien 얼마나는 의문부사이다. 의문부사는 장소, 시간, 이유 등을 묻는 의문사로, 성이나 수의 변화가 없이 항상 같은 형태이다. 명사와 결합하기 위해서는 전치사 de가 필요하다.

어디에	언제	어떻게	왜, 어째서	얼마나, 얼마만큼
où	quand	comment	pourquoi	combien
우	깡	꼬망	뿌르꾸와	꽁비앵

> Combien de temps je vais mettre à pied ? 걸어서 시간이 얼마나 걸립니까?
> 꽁비앵 드 땅 쥬 배 매트흐 아 삐에

Combien + de + 명사 모음이나 유성h 앞에서는 d'가 된다.

> Combien de personnes ? 몇 명이세요?   Combien coûte ce briquet ? 이 라이터는 얼마입니까?
> 꽁비앵 드 빼흐쏜   꽁비앵 구뜨 쓰 브히께
>
> Combien d'années ? 몇 년이요?   Combien de fois ? 몇 번이나요? (회수)
> 꽁비앵 다네   꽁비앵 드 프화

03 명령문

명령문은 주어에 따라 다음의 3가지 형태가 있다.
1) tu ~해라, 2) nous ~합시다, 3) vous ~해 주십시오 명령문은 이 3가지 주어에 따라 현재형으로 활용하는 동사들을 문장의 시작에 사용하고, 주어를 없애면 된다.
tu에 대한 명령의 경우 활용 어미가 -es인 경우 s를 생략한다.

	주어	현재형	명령문	의미
aimer 애메 사랑하다	tu 뛰	aimes 앰므	**Aime !** 앰므	사랑해라
	nous 누	aimons 재몽	**Aimons !** 애몽	사랑하자
	vous 부	aimez 재매	**Aimez !** 애매	사랑해 주십시오

💬 Attendez un moment !   잠시만 기다리세요.
   이땅데   웽   모망

   Appelez-moi un taxi, s'il vous plaît !   택시를 불러주세요.
   아쁠레   므와   웽   딱씨   씰   부   쁠래

부정명령의 경우는 ne ~ pas사이에 현재활용형 동사를 넣기만 하면 된다.

💬 Ne venez pas demain !   내일 오지 마세요!
   느   브네   빠   드맹

être ~이다와 avoir ~을 가지고 있다 동사는 명령문에서 다르게 활용하므로 무조건 외워두자.

주어	être ~ 이다	avoir ~을 가지고 있다
tu 뛰	sois 쓰와	aie 에
nous 누	soyons 쓰와이용	ayons 에이용
vous 부	soyez 쓰와이예	ayez 에이예

💬 N'aie pas peur !   두려워 말아라!
   내   빠   뻬흐

04 Il faut + 시간 + pour + 부정법   ~하기 위해 시간이 ~ 걸린다

~하기 위해 시간이 ~ 걸린다라는 뜻으로 pour뒤에는 동사의 부정형이 온다.

💬 Il faut à peu près 15 minutes pour aller à l'école. 학교에 가기 위해서는 약 15분 정도 걸린다.
   일 포   아 뾔   프해   꽹즈 미뉘뜨   뿌흐   알레   아 레꼴

바꿔쓰는 표현

1. premier(ère) 첫번째
2. deuxième 두번째
3. troisième 세번째
4. quatrième 네번째
5. cinquième 다섯번째

1. 기차표

Aller simple, 알레 쌩쁠		편도표
Aller-retour, 알레 흐뚜흐		왕복표
Première classe, 프흐미애흐 끌라쓰		일등석
Seconde classe, 쓰공드 끌라쓰	s'il vous plaît. 씰 부 쁠래	이등석 한장 주세요.
Fumeurs, 퓌왜흐		흡연석
Non fumeurs, 농 퓌왜흐		금연석
Un billet pour Avignon, 왱 비이에 뿌흐 아비뇽		아비뇽행

2. 버스

Un ticket, 왱 띠께	s'il vous plaît. 씰 부 쁠래	표 한장 주세요.
Un plan des autobus 왱 쁠랑 데 조또뷔쓰		버스 노선도 주세요.

질문: Quel bus prend-on pour 껠 뷔쓰 프항 똥 뿌흐 la Tour Eiffel ? 라 뚜흐 애펠 / les Puces ? 레 쀠쓰
[에펠탑에 가려면/벼룩시장에 가려면] 몇번 버스를 타야합니까?

대답: Le 45. 르 까항뜨 쌩끄
45번 입니다.

3. 택시

Conduisez-moi à la gare, 꽁뒤제 므와 아 라 가흐	s'il vous plaît ! 씰 부 쁠래	역으로 가 주세요.
Vous m'emmenez à l'aéroport, 부 망므네 아 라에호뽀흐		공항으로 데려다 주세요.

Culture Française  유럽통합 EU과 유럽화폐 유로 EURO

○ EU기존 회원국
○ 2002년 가입국
○ 2007년 가입국
○ 2008년 가입국
○ 2009년 가입국

오늘은 EU와 유로화에 대해 배울꺼예요. 붉은색으로 표시된 나라들이 EU회원국가들이죠. 여러분 생각보다 많죠?

핀란드, 스웨덴, 에스토니아, 라트비아, 리투아니아, 덴마크, 네델란드, 벨기에, 영국, 아일랜드, 독일, 폴란드, 룩셈부르크, 체코, 슬로바키아 2009년, 오스트리아, 헝가리, 프랑스, 슬로베니아 2007년, 포르투칼, 스페인, 이탈리아, 2008년 키프로스, 몰타 2008년, 그리스 2002년

유럽의 대부분이 가입했네요.

오~ 독일도 있네...

① 유로 EURO란?

유럽의 11개 국가가 연합하여 각국의 화폐를 폐기하고 하나의 공동 화폐를 사용하여 미국의 달러에 대항하고, 궁극적으로 자국의 경제발전을 도모한다는 취지로 만들어진 유럽의 단일 화폐를 말한다. 수십년 동안 과연 가능할까?라는 의문 속에 진행되어 온 유럽 통합이 1999년 1월 1일 출범한 유럽 단일 통화 '유로'를 통해 한 발짝 성큼 가까워졌다.

이에 유럽의 경제 전문가들은 벌써부터 21세기는 유럽의 시대라고 예언하면서, 유로가 몇 년 내에 국제 신용과 외환 보유의 수단으로서 지위가 급상승해 달러를 대체할 수도 있다는 전망을 하고 있다.

그러나 영국, 스웨덴 등 4개국이 참여를 보류하고 있고, 각국의 경제력 차이 등 앞으로도 극복해야 할 과제들이 많이 있다.

프랑스어권 La francophonie

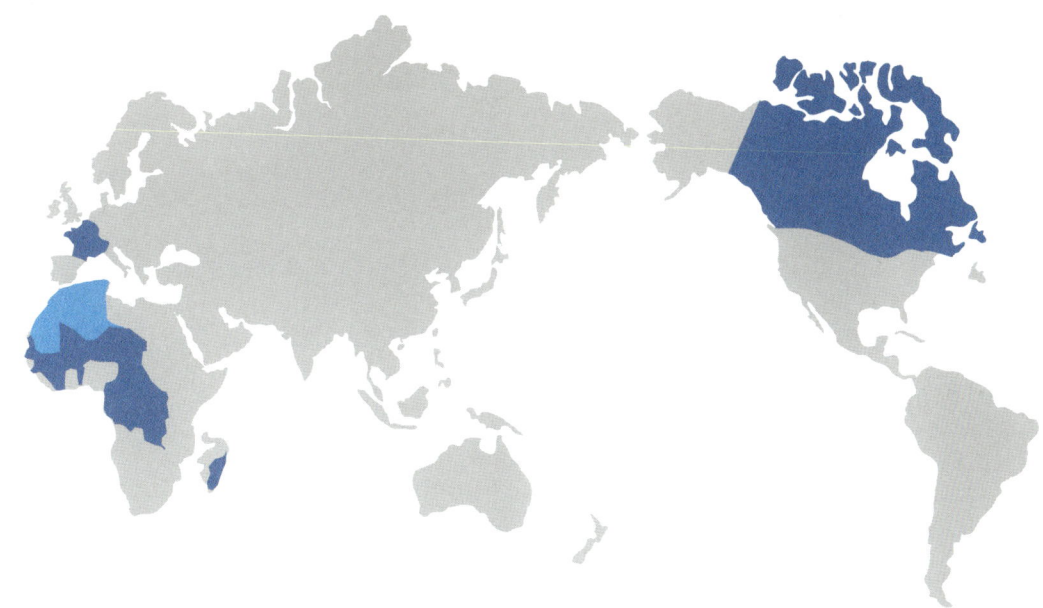

프랑스어는 세계 43개 국가에서 약 2억여 명의 인구가 사용하며, 35개국이 국제 기구에서 공용어로 사용한다. 벨기에와 스위스, 룩셈부르크, 모나코 등의 유럽 국가와 마그레브 le Maghreb 북아프리카 3국 : 튀니지, 모로코, 알제리 지역을 포함한 아프리카, 아시아의 인도차이나 반도와 중동의 레바논, 북미의 캐나다 일부, 그리고 남태평양의 폴리네시아 군도, 카리브해 인근의 중남미 등에서 사용된다.

프랑스어 언어 공동체의 프랑스어권 정상회담 Sommets de la francophonie은 1986년 이래 40여개 국가의 참여로 정기적으로 열리고 있으며, 프랑스 정부에서는 프랑스어권 문화적 결속을 강화하려는 차원에서 문화부 Ministère de la culture의 개념을 행정부에 처음 도입했다.

민간 차원에서 프랑스어 보급에 기여한 기관으로 알리앙스 프랑세즈 Alliance française는 전세계 학생들에게 프랑스 언어와 문화를 소개하고 있다.

주요 동사 변화표

시제	동사 / 인칭	être ~이다, 있다	avoir ~을 가지다	aller 가다	venir 오다
현재	je	suis	ai	vais	viens
	Tu	es	as	vas	viens
	il/elle	est	a	va	vient
	nous	sommes	avons	allons	venons
	vous	êtes	avez	allez	venez
	ils/elles	sont	ont	vont	viennent
반과거	je	étais	avais	allais	venais
	Tu	étais	avais	allais	venais
	il/elle	était	avait	allait	venait
	nous	étions	avions	allions	venions
	vous	étiez	aviez	alliez	veniez
	ils/elles	étaient	avaient	allaient	venaient
미래	je	serai	aurai	irai	viendrai
	Tu	seras	auras	iras	viendras
	il/elle	sera	aura	ira	viendra
	nous	serons	aurons	irons	viendrons
	vous	serez	aurez	irez	viendrez
	ils/elles	seront	auront	iront	viendront
과거분사		été	eu	alle	venu

s'appeler 이름이 ~이다	habiter 살다	rencontrer 만나다	voir 보다
m'appelle	habite	rencontre	vois
t'appelles	habites	rencontres	vois
s'appelle	habite	rencontre	voit
nous appelons	habitons	rencontrons	voyons
vous appelez	habitez	rencontrez	voyez
s'appellent	habitent	rencontrent	voivent
m'appelais	habitais	rencontrais	voyais
t'appelais	habitais	rencontrais	voyais
s'appelait	habitait	rencontrait	voyait
nous appelions	habitions	rencontrions	voyions
vous appeliez	habitiez	rencontriez	voyiez
s'appelaient	habitaient	rencontraient	voyaient
m'appelerai	habiterai	rencontrerai	verrai
t'appeleras	habiteras	rencontreras	verras
s'appelera	habitera	rencontrera	verra
nous appelerons	habiterons	rencontrerons	verrons
vous appelerez	habiterez	rencontrerez	verrez
s'appeleront	habiteront	rencontreront	verront
appelé	habité	rencontré	vu

열공! 왕초짜 **첫걸음** 시리즈

혼자서 손쉽게 외국어의 기초를 다진다!

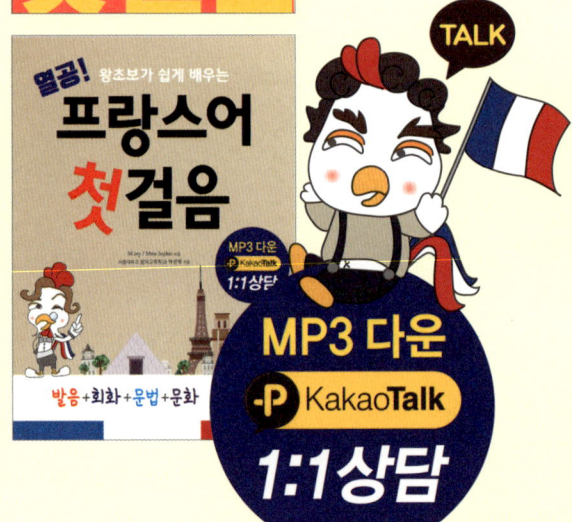

외국어 앞에서 더 이상 무섭지 않다!

www.donginrang.co.kr

- 혼자서 손쉽게 외국어의 기초를 다진다!
- 발음부터 대화문 듣기까지 한 권으로 정복한다!
- 들리는 대로만 따라하면 저절로 외국어회화가 된다!

생생 혼자서 가장 쉽게 배운다

프랑스어 첫걸음 문법편

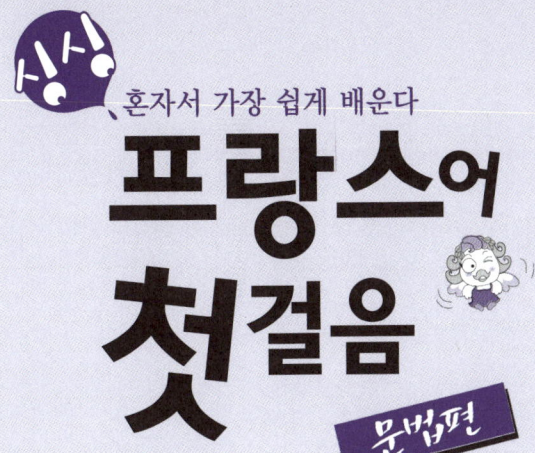

혼자서 가장 쉽게 배운다
프랑스어 첫걸음
문법편

차례

명사 · 2관사 · 4인칭대명사 · 8
형용사 · 12동사 · 16부사와 전치사 · 22
여러가지 문장 · 24문장 성분과 기본 문형 · 27주요 동사 변화표 · 30

기본을 다지는 명사

 ## 명사의 성

1 용법 프랑스어의 모든 명사는 남성 또는 여성에 속한다.

> **자연성을 갖는 명사** 인간이나 동물 등 남녀나 암수가 명확한 것은 본래 자연의 성별을 따른다.

예 • 남성명사 : **homme** 남자　• 여성명사 : **femme** 여자
　　　　　　옴므　　　　　　　　　　　팜므

> **문법성을 갖는 명사** 무생물 명사의 성은 관례에 따른다.

예 • 남성명사 : **soleil** 태양　• 여성명사 : **lune** 달
　　　　　　쏠래이　　　　　　　　　　린

2 형태

예 **un ami** 남자친구　⋯　**une amie** 여자친구
　 왱　나미　　　　　　　위　나미

> **남녀동형** 여성형으로 변해도 e가 붙지 않거나 남성형이 e로 끝나는 명사는 여성명사와 형태가 같아 앞에 붙는 관사로 성을 구별한다.

예 **un enfant** 남자 아이　⋯　**une enfant** 여자 아이
　 왱　낭팡　　　　　　　　　위　낭팡

　 un journaliste 남자 기자　⋯　**une journaliste** 여자 기자
　 왱　쥬흐날리스뜨　　　　　　　원　쥬흐날리스뜨

Tip 남성명사+e → 여성명사

3 불규칙변화 규칙적으로 변하는 명사들이 아닌 불규칙적으로 변하는 명사들이 있다.

형태	남성 → 여성	뜻
e → -esse	prince (프행쓰) → princesse (프행쌔쓰)	왕자 / 공주
-en → -enne -an → -anne	lycéen (리쎄앵) → lycéenne (리쎄앤느)	고등학생
-er → -ère	étranger (에트항줴) → étrangère (에트항줴흐)	외국인
-eur → -euse	chanteur (샹뙤흐) → chanteuse (샹뙤즈)	가수
-eur → -rice	acteur (악때흐) → actrice (악트히쓰)	배우

명사의 수

1 용법 단수형과 복수형이 있는데, 단수형에 -s를 붙여 복수형을 만든다.

2 형태

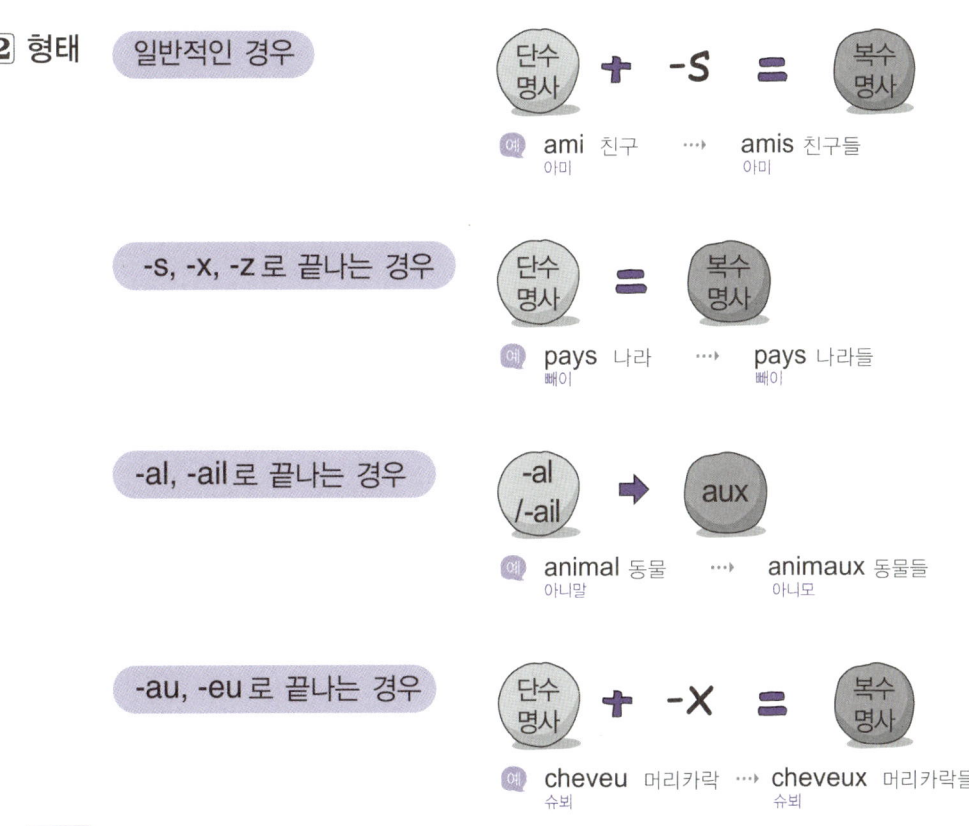

일반적인 경우: 단수명사 + -S = 복수명사
- 예) ami 친구 (아미) → amis 친구들 (아미)

-s, -x, -z 로 끝나는 경우: 단수명사 = 복수명사
- 예) pays 나라 (빼이) → pays 나라들 (빼이)

-al, -ail 로 끝나는 경우: -al/-ail → aux
- 예) animal 동물 (아니말) → animaux 동물들 (아니모)

-au, -eu 로 끝나는 경우: 단수명사 + -X = 복수명사
- 예) cheveu 머리카락 (슈뵈) → cheveux 머리카락들 (슈뵈)

> *Tip* 복수형의 발음은 보통 단수형 발음과 같다. 복수형은 보통 -s가 붙지만, 발음은 되지 않아 단수형과 발음이 같다

기본을 다지는 관사

 부정관사

1 형태

수 \ 성	남성	여성
단수	왱 un	원 une
복수	데 des	

2 용법

'하나, 둘' 셀 수 있는 명사로, 처음 제시되거나 막연한 의미로 사용될 때, 특정하지 않은 것을 가리키는 명사 앞에 쓰여 '하나의, 어떤, 몇몇의'의 뜻을 가진다. 영어의 부정관사 [a/an]에 해당한다.

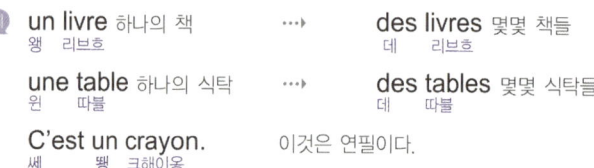

예)
- un livre 하나의 책 (왱 리브흐) ⋯▶ des livres 몇몇 책들 (데 리브흐)
- une table 하나의 식탁 (원 따블) ⋯▶ des tables 몇몇 식탁들 (데 따블)
- C'est un crayon. (쎄 뺑 크해이옹) 이것은 연필이다.

> *Tip* 정관사와 부정관사는 명사의 성과 수에 따라 그 형태를 일치시켜 사용한다.

 정관사

1 형태

수 \ 성	남성	여성
단수	르 / ㄹ le / l'	라 / ㄹ la / l'
복수	레 les	

》 l' 는 모음 또는 무성 h로 시작하는 단수 명사 앞에 쓴다.

2 용법

한정을 받거나 전후 관계로 특정화된 명사나, 종류나 종족 전체를 총체적으로 나타낼 때, 말하는 사람과 듣는 사람이 모두 알아듣는 대상인 경우에 쓴다.
영어의 정관사 [the]에 해당한다.

예
le livre 그 책   →   les livres 그 책들
르 리브흐   레 리브흐
la table 그 식탁   →   les tables 그 식탁들
라 따블   레 따블
l'arbre 그 나무   →   les arbres 그 나무들
라흐브흐   레 자흐브흐

3 정관사의 축약

정관사 le / les가 전치사 à나 부분관사 de뒤에 올때는 축약해서 au / aux나 du / des로 변화한다.

| à + le | → | au 오 | de + le | → | du 뒤 |
| à + les | → | aux 오 | de + les | → | des 데 |

누 잘롱 오 씨네마
예 Nous allons au cinéma. 우리는 영화관에 간다.
              (à + le)

쌔 르 빼흐 뒤 가흐쏭
C'est le père du garçon. 이 사람은 그 소년의 아버지다.
              (de + le)

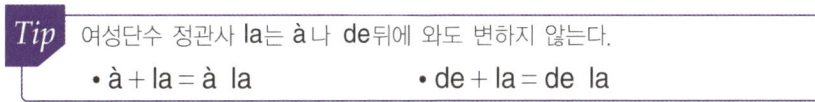

| Tip | 여성단수 정관사 la는 à나 de뒤에 와도 변하지 않는다. |
| • à + la = à la | • de + la = de la |

기본을 다지는 관사

부분관사

1 형태

수 \ 성	남성	여성
단수	뒤/드 ㄹ du / de l'	드 라 / 드 ㄹ de la / de l'

》de l'는 모음이나 무성 h로 시작하는 명사 앞에 쓴다.

> **Tip** 부분관사는 단수형 밖에 없다.

2 용법

셀 수 없는 명사 앞에서 정해지지 않은 양을 가리키며, '약간의, 어느 정도의' 라는 뜻을 가진다.

예) de l'argent 돈
　　드 라흐장

　　de l'eau 물
　　드　로

　　Il mange de la viande. 그는 고기를 먹는다.
　　일 망쥬　드 라 비앙드 ← 여성명사

> **Tip** [셀 수 없는 명사]는 영어의 물질명사나 추상명사와 같은 것으로, "하나, 둘..." 셀 수 없는 명사를 말한다.
> • 물질명사 : 설탕, 물, 고기..　　• 추상명사 : 행운, 용기, 사랑..

부정의 de

1 용법 직접 목적보어 앞의 부정 관사나 부분 관사는 부정문에서 de로 바뀐다.

un ⋯ de

예) J'ai un crayon.　⋯→　Je n'ai pas de crayon.
　　쥬 왱 크헤이옹　　　　쥬 내 빠 드 크헤이옹
　　나는 연필이 하나 있다.　　나는 연필이 없다.

de l' ···▶ d'

예) Il boit de l'eau. ···▶ Il ne boit pas d'eau.
일 브와 드 로 　　　일 느 브와 빠 도
그는 물을 마신다. 　　그는 물을 마시지 않는다.

 소개사와 관사

① 용법

소개사 뒤에는 관사가 붙지만, [주어대명사 + être] 구문에서 뒤에 오는 명사가 [국적, 신분, 직업]등을 나타내면 관사가 오지 않는다.

② 형태와 의미

Voici [Voilà] + 관사 + 명사 브와씨 [브왈라]	여기에 ~가 있다 (저기에)
Il y a + 관사 + 명사 일 리 아	
C'est + 관사 + 명사 쎄	이 사람은 ~이다, 이것은 ~이다 그/그녀는 (그것은) ~이다
Il / Elle est + 명사 일 / 앨 애	

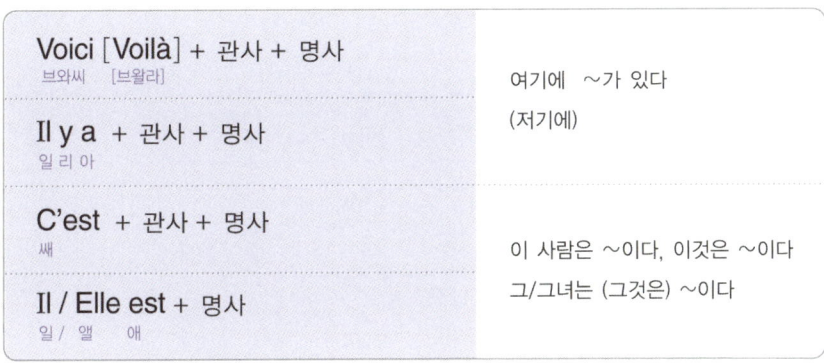

예) C'est le livre de Paul.   이것은 뽈의 책이다.
　　쎄　르 리브흐 드 뽈
　　　　관사　명사

Il est professeur.   그는 교수이다.
일 애 프호페쐐흐
être의 3인칭 단수형   명사[신분]

기본을 다지는 인칭대명사

주어 및 강세형 인칭대명사

1 용법

주어 인칭대명사는 문장 안에서 주어의 역할을 하며, 강세형 인칭대명사는 C'est나 전치사 다음에 쓰여 다른 대명사나 명사를 대신한다.

수	인칭	주어 및 강세형 인칭 대명사			
		주어	의미	강세형	의미
단수	1인칭	쥬 je	나는	므와 moi	나
	2인칭	뛰 tu	너는	뜨와 toi	너
	3인칭남성	일 il	그는 그것은	뤼 lui	그/그것
	3인칭여성	엘 elle	그녀는 그것은	엘 elle	그녀/그것
복수	1인칭	누 nous	우리는	누 nous	우리
	2인칭	부 vous	당신(들)은	부 vous	당신(들)
	3인칭남성	일 ils	그들은 그것들은	외 eux	그들 그것들
	3인칭여성	엘 elles	그녀들은 그것들은	엘 elles	그녀들 그것들

예) **Moi, je suis coréen.** 나, 나는 한국사람이다. [강조할때 주어 동격]
므와 쥬 쒸 꼬헤앵

C'est lui. 바로 그 사람이에요. [c'est 뒤]
쌔 뤼

Les livres sont à nous. 그 책들은 우리 것입니다. [전치사 뒤]
레 리브흐 쏭 따 누

> **Tip** 주어 인칭대명사는 동사 앞에 놓인다. 강세형 인칭대명사는 맥락과 상황에 따라 위치가 달라진다.

목적 보어 인칭대명사

1 형태 및 용법

목적보어 영어의 목적어 인칭대명사는 직접보어 ~를 와 간접보어 ~에게로 나뉜다. 동사의 행동이나 동작을 받기 때문에 대부분 동사 바로 앞에 위치한다 긍정명령문의 경우 제외. 직접보어는 전치사 없는 명사를 대신하며, 간접보어는 à + 사람을 대신해 ~를, ~에게의 뜻을 나타낸다.

수	인칭	목적 보어 인칭 대명사			
		직접	의미	간접	의미
단수	1인칭	므 me(m')	나를	므 me(m')	나에게
	2인칭	뜨 te(t')	너를	뜨 te(t')	너에게
	3인칭남성	르 le(l')	그를	뤼 lui	그에게
	3인칭여성	라 la(l')	그녀를		그녀에게
복수	1인칭	누 nous	우리를	누 nous	우리들에게
	2인칭	부 vous	당신(들)을 너희들을	부 vous	당신(들)에게 너희들에게
	3인칭남성	레 les	그들을	래흐 leur	그들에게
	3인칭여성		그녀들을		그녀들에게

》m', t', l' 는 모음이나 무성 h로 시작되는 단어 앞에 쓰인다.

1, 2인칭은 직접 목적보어와 간접 목적보어의 형태가 같으며 사람만을 나타 낸다.

예 Il me regarde. 그가 나를 바라본다. Il me parle. 그가 나에게 말한다.
일 므 호가호   일 므 빠흘

Tip
• 목적보어 인칭대명사는 동사 앞에만 놓인다.
• 부정할 때에는 [ne + 목,보,인,대 + 동사 + pas]형태를 쓴다.

기본을 다지는 인칭대명사

3인칭 간접목적보어 대명사 lui, leur는 사람에 대해서만 쓴다.

예) Il répond à son père. ⋯⋯▶ Il lui répond.
　　일 헤뽕　아 쏭　빼흐　　　　　일 뤼 헤뽕
　　그는 그의 아버지에게 대답한다.　그가 그에게 대답한다.

Tip) 정관사가 붙은 직접 목적보어는 직접 목적보어대명사 [le, la, les] 등을 쓴다.

중성 대명사

중성 대명사에는 y, le, en의 세 종류가 있다. 모두 성·수의 변화가 없이 형태가 일정하며 사물을 대신하지만, en은 사람을 대신하는 경우가 있다. 긍정 명령문의 경우를 제외하고, 동사 바로 앞에 놓인다.

1 y [이]

[à + 사물 명사]나 장소의 전치사 [à/dans/sur/sous/chez + 명사]를 받는다.

예) Tu vas à Paris ? 너 파리에 가니? ⋯⋯▶ Oui, j'y vais. 그래, 거기에 가.
　　뛰 바 아 빠히　　　　　　　　　위 쥐 배

Tip)
- à　: ~에, ~로
- sur : ~위에
- chez : ~집에
- dans : ~안에, ~에
- sous : ~아래에

2 le [르]   그렇다, 그렇게 하는것, 그것을

[être + 형용사]나 [동사 + 부정법]을 받는다.

예) Vous êtes content ? 당신은 만족합니까? ⋯⋯▶ Oui, je le suis. 예, 그렇습니다.
　　부 재뜨 꽁땅　　　　　　　　　　　　위 쥬 르 쒸

3 en [앙]   그것의, 그것에 대해서, 그것을

[de + 사물 명사]나 [부정관사 / 부분관사 / 수량의 표현 + 명사]를 받는다.

예) Tu as de l'argent ? 너 돈 있니? ⋯⋯▶ Oui, j'en ai. 응, 있어.
　　뛰 아 드 라호장　　　　　　　　위 쟈 내

 의문대명사

1 형태 및 용법

누구, 무엇을 나타내는 대명사를 **의문대명사**라고 하는데, 주어, 목적보어, 속사, 상황보어 등 다양한 문장 성분의 정체를 묻는다.
의문 대명사는 사람과 사물의 구별이 있으며, **est-ce que**를 붙여쓰는 경우는 도치하지 않는다.

est-ce que + 주어 + 동사 ?
        도치하지 않음

	사람	사물
주어	끼 qui 누가 끼 애 스 끼 qui est-ce qui 누가	- 깨 애 스 끼 qu'est-ce qui 무엇이
직접목적 보어 속사	끼 qui 누구를 끼 애 스 끄 qui est-ce que 누구를	끄 que 무엇을 깨 스 끄 qu'est-ce que 무엇을
간접목적 보어 상황보어	끼 전치사 + qui + 누구에게(등) 끼 애 스 끄 전치사 + qui est ce-que	꾸와 전치사 + quoi 무엇으로(등) 꾸와 애 스 끄 전치사 + quoi est-ce que

예
깨　스 끄 뛰 패　　　　끄 패 뛰
Qu'est-ce que tu fais ? = Que fais-tu ?   너 뭐 하니?
주어 + 동사   동사 + 주어

아 끼 애 스 끄 부 빵쎄   아 끼 빵쎄 부
A qui est-ce que vous pensez ? = A qui pensez-vous ?
당신은 누구 생각을 합니까?

기본을 다지는 형용사

 ## 품질형용사

1 용법

품질형용사는 명사의 모양이나 형태, 특징들을 묘사하고 꾸며주는 품사를 말한다. 꾸며주는 말에 따라 성과 수의 변화가 따른다.

명사를 앞이나 뒤에서 꾸며준다.
예) une jeune fille française
윈 쥔   피이으 프항쌔즈
젊은 프랑스 소녀

être 동사 뒤에 놓여 주어를 꾸며준다.
예) Elle est belle.
앨 애 밸
그녀는 아름답다.

2 형용사의 남성형과 여성형

남성단수 형용사 + e = 여성단수 형용사   남성형용사 + e = 여성형용사

예) grand ···→ grande 큰
    그항   그항드
    *단어 끝의 자음이 여성형에서는 발음된다.

단, 어미가 -e로 끝나면 남성과 여성의 형태가 동일하다.   특별한 경우

예) jeune ···→ jeune 젊은
    쥔   쥔

> **Tip** 남성 + e = 여성 -e가 붙어 성이 바뀌면, 발음되지 않던 마지막 자음이 발음된다.

끝자음을 중복하고 -e를 붙인다.   끝자음을 중복하는 경우

예) bon ···→ bonne 좋은
    봉   본

남성과 여성의 모양이 다르다.   예외적인 경우

예) beau ···→ belle 아름다운
    보   밸
    long ···→ longue 긴
    롱   롱그

	남성	여성
단수	−	-e
복수	-s	-es

> **남성과 여성의 모양이 다르다.**   단수가 –f 로 끝나는 경우

예) neuf   ⋯▸   neuve 새로운
    뇌프   뇌브

3 단수형과 복수형

> **단수 + –s = 복수**   일반적인 규칙

예) petit   ⋯▸   petits 작은
    쁘띠   쁘띠

> **단수가 –s, –x로 끝나는 경우**   특별한 경우(불변)

예) heureux   ⋯▸   heureux 행복한
    외해   외해

> **단수가 –al로 끝나는 경우**   –al ⋯▸ –aux

예) national   ⋯▸   nationaux 국가의
    나씨오날   나씨오노

> **단수가 –eau로 끝나는 경우**   단수 + x = 복수

예) beau   ⋯▸   beaux 아름다운
    보   보

4 형용사의 위치

형용사는 명사 뒤에 위치한다.

쥐 데 자미 프항쎄
예) J'ai des amis <u>français</u>. 나는 프랑스 친구가 있다.

> **Tip** 국적, 모양, 색깔, 기후, 맛이나 음절이 긴 형용사는 반드시 명사 뒤에 위치한다.

단, 다음 형용사는 명사 앞에 위치한다.

> grand 큰 petit 작은 beau 아름다운 bon 좋은 joli 멋진 mauvais 나쁜

윈 졸리 팜므
예) une <u>jolie</u> femme 예쁜 여자

기본을 다지는 형용사

5 형용사의 일치

모든 형용사는 그것이 수식하는 명사의 성과 수에 일치한다.

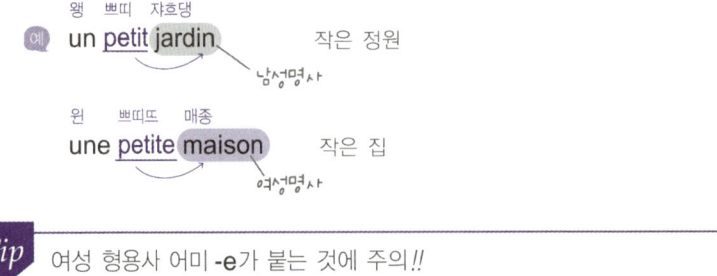

> **Tip** 여성 형용사 어미 -e가 붙는 것에 주의!!

 ## 지시형용사

1 형태 및 용법

지시형용사란, [이 ~, 저 ~, 그 ~]와 같이 사람이나 사물을 가리키는 형용사를 말한다. 명사 앞에서 다음 명사를 지시, 한정한다.

수 \ 성	남성	여성
단수	쓰(쌔) ce (cet)	쌔뜨 cette
복수	쎄 ces	

> **Tip** 모음 또는 무성 h로 시작하는 남성 단수 명사 앞에는 ce를 쓰지 않고 cet를 쓴다.

소유형용사

1 형태 및 용법

소유 관계를 나타내는 형용사로 소유주(주어)의 성과는 무관하며, 피소유물(명사)의 성과 수에 일치시킨다.

소유주 \ 피소유물	뜻	남성	여성	복수
je	나의	몽 mon	마 ma	메 mes
tu	너의	똥 ton	따 ta	떼 tes
il/elle	그의/그녀의	쏭 son	싸 sa	쎄 ses
nous	우리의		노트흐 notre	노 nos
vous	당신(들)		보트흐 votre	보 vos
ils/elles	그녀의 그녀들의		홰흐 leur	홰흐 leurs

 le père de Jeanne 잔의 아버지 → son père 그녀의 아버지
  르 빼흐 드 잔   쏭 빼흐

  la mère de Jean 장의 어머니 → sa mère 그의 어머니
  라 매흐 드 장   싸 매흐

> **Tip** 모음 또는 무성 h로 시작하는 여성 단수 명사 앞에는 ma, ta, sa 대신 mon, ton, son을 쓴다. 모음 충돌 방지 *ma amie (x) → mon amie (o)

 의문형용사

1 형태 및 용법

몇, 무슨, 어떤 등의 뜻이며, 발음이 모두 같으므로 형태에 주의해야 한다. 주로 명사 앞이나 동사 être 앞에 온다.

수 \ 성	남성	여성
단수	껠 quel	껠 quelle
복수	껠 quels	껠 quelles

예 Quelle heure est-il ? 몇 시입니까?
    껠   왜흐   애 띨

기본을 다지는 동사

 ## 현재

1 형태 및 용법

동사는 어미의 형태에 따라 1군 -er, 2군 -ir, 3군 -ir, -oir, -re 등 동사로 분류한다. 동사의 원형을 부정법이라고 부르며, 부정법 형태로는 거의 쓰이지 않고 인칭과 수에 따라 어미가 활용한다.

동사의 종류에 따른 활용어미

군 \ 인칭	je	tu	il/elle	nous	vous	ils/elles
1군 규칙동사 -er	[묵음] -e	[묵음] -es	[묵음] -e	옹 -ons	에 -ez	[묵음] -ent
2군 규칙동사 -ir	이 -is	이 -is	이 -it	이쏭 -issons	이쎄 -issez	이쓰 -issent
3군 불규칙동사 -ir, -oir, -re	[묵음] -s/-x	[묵음] -s/-x	[묵음] -t	옹 -ons	에 -ez	[묵음] -ent

동사활용의 예

수·인칭		1군 규칙동사 parler 말하다	2군 규칙동사 finir 끝내다	3군 불규칙동사 venir 오다
단수	je	빠흘 parle	피니 finis	비앵 viens
	tu	빠흘 parles	피니 finis	비앵 viens
	il/elle	빠흘 parle	피니 finit	비앵 vient
복수	nous	빠흘롱 parlons	피니쏭 finissons	브농 venons
	vous	빠흘레 parlez	피니쎄 finissez	브네 venez
	ils/elles	빠흘 parlent	피니쓰 finissent	비앤 viennent

 Tip 어미 앞 부분을 [어간]이라고 부르며, 1군, 2군 규칙동사에서는 어간이 일정하며, 3군 동사의 경우 어간이 변하는 경우가 많다.

2 용법

현재 발생하는 사실
- Il chante dans sa chambre. 그는 방에서 노래한다.

현재 상태
- Je suis Coréen. 나는 한국인이다

가까운 미래 대용
- J'arrive tout de suite. 곧 갈게.

과거에서 현재까지 계속되는 사실
- Elle habite à Paris depuis six ans. 그녀는 6년 전부터 파리에 살고 있다.

복합과거 [조동사 avoir, être의 현재형 + 과거분사]

1 형태 및 용법
과거에 발생하여 이미 끝난 일을 표현한다.

- Elle est allée au cinéma hier soir. 그녀는 어제 영화관에 갔었다.

조동사	동사	과거분사의 일치
avoir	타동사 및 대부분의 동사	불변
être	장소의 이동 및 대명동사	주어의 성, 수에 일치

> **Tip** 복합과거를 나타낼 땐,
> - avoir의 현재형 + 과거분사
> - être의 현재형 + 과거분사 두 가지의 형태가 있다.

★ être를 조동사로 취하는 주요 동사

이동 동사	aller 가다 partir 출발하다	venir 오다 arriver 도착하다
상태변화 동사	naître 태어나다	mourir 죽다
대명 동사	se lever 일어나다	s'asseoir 앉다

기본을 다지는 동사

2 과거분사

구분	과거분사 어미	예	
1군	-er ⋯▸ -é	parler - parlé	말하다
2군	-ir ⋯▸ -i	finir - fini	끝내다
3군	-é, -i, -u, -s, -t	venir - venu	오다

3 복합과거의 부정

복합과거를 부정할 때에는 조동사 앞에 ne, 뒤에 pas를 쓰면 된다.

ne + 조동사(avoir/être) + pas + 과거분사

예) Il est arrivé à l'heure ⋯▸ Il n'est pas arrivé à l'heure.
그는 정각에 도착했다.　　　그는 정각에 도착하지 않았다.

반과거

1 형태

과거의 상태나 진행, 과거의 습관이나 반복을 나타낸다.

현재 1인칭 복수어간 + 반과거 어미

인칭	je	tu	il/elle	nous	vous	ils/elles
어미	-ais	-ais	-ait	-ions	-iez	-aient

★ 1군 동사　parler　je parlais, nous parlions, ...
★ 2군 동사　finir　je finissais, nous finissions, ...
★ 3군 동사　venir　je venais, nous venions, ...

Tip 반과거는 영어의 [과거 진행형]에 해당한다.

2 용법 및 예

과거의 상태나 진행

예) En ce temps-là, nous avions 20 ans.   그 당시 우리는 20세 였다.
앙 쓰 땅   라 누   자비옹   뱅 땅

과거의 습관이나 반복

예) Tous les dimanches, nous faisions visite à nos grands-parents.
뚜 레 디망슈   누 프지옹   비지뜨 아 노 그항   빠항
일요일마다 우리는 조부모님 댁에 가곤 했다.

◎ être의 반과거 변화
일반적인 규칙을 따르지 않으므로, 잘 외워두자.

인칭	반과거
j'	étais
tu	étais
il/elle	était
nous	étions
vous	étiez
ils/elles	étaient

미래

1 형태 및 용법

★ 1, 2군 규칙동사   동사원형 + 미래형어미

예) parler 말하다 …→ je parlerai, … 나는 말할 것이다
빠흘레   쥬 빠흘르해

★ 3군 불규칙동사   미래형어간 암기 + 미래형어미

예) aller 가다 …→ j'irai 갈 것이다 / venir 오다 …→ tu viendras 너는 올 것이다
일레   쥐해   브니흐   뛰 비앙드하

★ 미래에 발생하게 될 사실

예) Nous irons en France l'année prochaine.
누   지홍 앙 프항쓰   라네   프호쉔
우리는 내년에 프랑스에 갈 것이다.

★ 현재 또는 미래에 관한 추측

예) Il viendra la voir ce soir. 그는 오늘 저녁 그녀를 보러 올 거야.
일 비앵드하 라 브와흐 쓰 쓰와흐

★ 부드러운 명령

예) Tu m'appelleras demain matin. 내일 아침, 내게 전화해 줘.
뛰 마뻴르하   드맹   마땡

◎ 규칙동사의 미래형 어미는 다음과 같다.
avoir현재형 동사변화를 생각하자.

인칭	미래형 어미
je	ai
tu	as
il/elle	a
nous	ons
vous	ez
ils/elles	ont

기본을 다지는 동사

동사	과거분사 어미	예
애트흐 être	쥬 쓰해 je serai,...	~일 것이다
알레 aller	쥐해 j'irai,...	갈 것이다
아브와흐 avoir	죠해 j'aurai,...	가질 것이다
패흐 faire	쥬 프해 je ferai,...	~할 것이다

가까운 미래 aller + 부정법

◎ **aller** 가다의 활용

인칭	현재시제 활용
je	vais
tu	vas
il/elle	va
nous	allons
vous	allez
ils/elles	vont

1 **용법** 가까운 미래를 나타낸다.

예) L'avion va partir dans deux heures.
라비옹 바 빠흐띠흐 당 되 죄흐
비행기는 두 시간 후에 출발할 것이다.

가까운 과거 venir de + 부정법

◎ **venir** 오다의 활용

인칭	현재시제 활용
je	viens
tu	viens
il/elle	vient
nous	venons
vous	venez
ils/elles	viennent

1 **용법** 가까운 과거를 나타낸다.

예) Elle vient de faire du vélo.
앨 비앵 드 패흐 뒤 벨로
그녀는 조금 전에 자전거를 탔다.

비인칭 표현

1 **용법** 의미 없는 주어 il이 사용되는 비인칭 표현은 주로 날씨나 시각 표현에 쓰인다.

예) Il fait beau.   화창하다.
일 패 보

Il est 3 heures et demie.   3시 반이다.
일 애 트화 왜흐 에 드미

 대명동사

1 형태 및 용법

대명동사는 주어를 대표하는 재귀대명사 se를 동반하는 동사이다. 인칭과 수에 따라 재귀대명사 me(m'), te(t'), se(s'), nous, vous, se(s')가 주어 다음, 동사 직전에 놓인다.

대명동사는 주로 동사의 행위가 주어 자신에게 돌아오는 재귀적 용법이 일반적이지만, 그 외에 수동적 용법, 상호적 용법 그리고 본질적 용법 등이 있다.

동사활용의 예

수·인칭	예	se laver 쓰 라베 씻다	s'habiller 싸비에 옷을 입다
단수	je	므 라브 me lave	마비이 m'habille
	tu	뜨 라브 te laves	따비이 t'habilles
	il/elle	쓰 라브 se lave	싸비이 s'habille
복수	nous	누 라봉 nous lavons	누 자비이옹 nous habillons
	vous	부 라베 vous lavez	부 자비이에 vous habillez
	ils/elles	쓰 라브 se lavent	싸비이 s'habillent

예 Sophie se promène. 쏘피는 산책한다.
쏘피 쓰 프호맨
Je m'appelle Jean. 제 이름은 쟝입니다.
쥬 마뻴 쟝
Ils s'aiment. 그들은 서로 사랑한다.
일 쌤므

 명령법

1 형태 및 용법

명령은 상대방에게 하는 것으로 원칙적으로 2인칭으로 말한다. 주어가 없어지고, 동사만 쓰면 명령법이 된다. 이때, 2인칭 단수 tu에 대한 명령에서 1군 동사와 aller동사, ouvrir형 동사의 어미 's'가 탈락한다.

예 Va à l'école ! 학교에 가라!
바 아 레꼴

기본을 다지는 부사와 전치사

 부사

① **용법** 부사는 동사나 형용사 혹은 다른 부사를 꾸며주는 역할을 한다.

② **형용사의 부사화**

형용사의 여성형에 -ment을 붙이면 부사가 된다. 단, 모음으로 끝나는 형용사는 남성형에 바로 -ment을 붙이면 된다.

	형용사	부사	형용사	부사
원칙	외해 heureux 행복한	외해즈망 heureusement 행복하게	쒸흐 sûr 확실한	쒸흐망 sûrement 확실하게
예외	브해 vrai 참된	브해망 vraiment 정말로	쟝띠 gentil 친절한	쟝띠망 gentiment 친절하게

> *Tip* 단, 모음으로 끝나는 형용사는 남성형에다 바로 -ment을 붙이면 된다.

③ **의문부사**

의문부사	깡 quand	우 où	꽁비앵 combien	꼬망 comment	뿌흐꼬와 pourquoi
뜻	언제	어디서	얼마나	어떻게	왜

㉠ Pourquoi partez-vous en TGV ? 왜 떼제베로 떠나십니까?
　　뿌흐꼬와　빠흐떼　부　앙　떼줴베

수량부사	뜻
트호 드 trop de + 명사	너무나 많은
보꾸 드 beaucoup de + 명사	많은
아쎄 드 assez de + 명사	꽤, 충분한
앵 쀠 드 un peu de + 명사	약간
쀠 드 peu de + 명사	거의 없는

㉠ Il y a beaucoup de monde. 사람들이 많다.
　　일 이아 보꾸　　　드 몽드

 전치사

1 용법

전치사는 명사 앞에 놓여 명사에 특별한 뜻을 주거나, 문장상의 성분을 바꾸는 역할을 한다.

예) Il va à l'école. 그는 학교에 간다.
일 바 아 레꼴

Elle parle de sa mère. 그녀는 그녀 어머니에 대해 말한다.
앨 빠흘 드 싸 매흐

2 종류

de ~의, 출신의라는 뜻으로 주로 기원, 출신, 소유관계 등을 나타낸다.

예) Je suis de Séoul. 나는 서울 출신입니다.
쥬 쒸 드 쎄울

C'est la mère de Paul. 이 분은 폴의 어머니이시다.
쌔 라 매흐 드 뽈

à ~에, ~에서, ~로라는 뜻으로 주로 장소, 시간 등을 나타낼 때 쓰인다.

예) Je vais à l'école. 나는 학교에 간다.
쥬 배 아 레꼴

Elle travaille à Paris. 그녀는 파리에서 일한다.
앨 트하바이으 아 빠히

pour ~을 위해, ~을 향해 라는 뜻으로 영어의 for와 비슷하다.

예) C'est un cadeau pour toi. 이것은 널 위한 선물이야.
쌔 뙹 까도 뿌흐 뜨와

Nous partons pour New York. 우리는 뉴욕으로 떠난다.
누 빠흐똥 뿌흐 뉴욕

기본을 다지는 여러가지 문장

 부정문 ne(n') + 동사 + pas

1 형태

부정문을 만들 때는 동사 앞에 ne, 뒤에 pas를 쓰며, 구어체에서는 종종 ne를 생략하기도 한다.

$$ne(n') + 동사 + pas$$

예) C'est le livre de Paul. → Ce n'est pas le livre de Paul.
　　쌔　르 리브흐 드 뽈　　　　쓰 내 빠 르 리브흐 드 뽈
　　이것은 뽈의 책이다.　　　　　이것은 뽈의 책이 아니다.

2 부정 의문문과 대답

부정 의문문에 대해 대답할 때는 'Si와 Non'을 사용한다.

Vous n'êtes pas journaliste ?　　　당신은 기자가 아니십니까?
　부　　내뜨　빠　쥬흐날리스뜨

긍정 Si, je suis journaliste.　　　아니오, 저는 기자입니다.
　　　씨　쥬 쒸　쥬흐날리스뜨

부정 Non, je ne suis pas journaliste.　예, 저는 기자가 아닙니다.
　　　농　쥬 느 쒸　빠　쥬흐날리스뜨

3 pas이외의 부정어가 쓰이는 부정문

느 쁠뤼 ne ~ plus	더 이상 ~하지 않다	느 빠 드 니 드 ne ~ pas de ~ ni de ~	~도 ~도 아니다
느 자매 ne ~ jamais	결코 ~하지 않다	느 빼흐쏜 ne ~ personne	누구도 ~하지 않다
느 니 니 ne ~ ni ~ ni~	~도 ~도 아니다	느 히앵 ne ~ rien	아무 것도 ~하지 않다

예) Il ne fait plus froid.　　　　　더 이상 춥지 않다.
　　일 느 패 쁠뤼 프화

　　Il n'est ni riche ni pauvre.　　그는 부유하지도 않고 가난하지도 않다.
　　일 내 니 휘슈 니 뽀브흐

> **Tip** 모음이나 무성 h로 시작하는 동사 앞에서는 n'축약된다.

 의문문

1 의문사가 없는 의문문

> Est-ce que + 평서문

예) Est-ce que tu es libre ?
애 스 끄 뛰 애 리브흐
너 한가하니?

> 도치 의문문

예) Es-tu libre ?
애 뛰 리브흐
너 한가하니?

> 구어체에서는 평서문의 끝을 올려 의문문으로 한다

예) Tu es libre ?
뛰 애 리브흐
너 한가하니?

2 의문사가 있는 의문문

> 의문사 + est-ce que + [주어+동사]

예) Où est-ce que vous allez ?
우 애쓰 끄 부 잘레
어디 가십니까?

> 도치 의문문

예) Où allez-vous ?
우 알레 부
어디 가십니까?

Tip 도치하는 의문문이 가장 격식을 차린 경우이고, est-ce-que를 붙이는 의문문이 보통 표현이며, 평서문 어순을 쓰고 끝을 올려하는 의문문이 가장 친한 경우 사용하는 표현이다.

> 일상 대화체에서는 의문사를 문두에 두지 않고 평서문에서의 원래 위치에 놓고 쓰는 경우가 있다

예) Vous allez où ?
부 잘레 우
어디 가세요?

 감탄문

1 형태 감탄문을 만들 때는 감탄형용사 quel을 쓰거나, 감탄부사를 쓴다.

> Quel + (형용사) + 명사 !

예) Quel beau temps !
껠 보 땅
정말 좋은 날씨군!

> Comme [Que, Combien] + 평서문 !

예) Comme il fait beau !
꼼므 일 패 보
정말 좋은 날씨군!

기본을 다지는 여러가지 문장

형용사와 부사의 비교

1 형태

우등비교	plus (쁠뤼) + 형용사/부사 + que (끄)
동등비교	aussi (오씨) + 형용사/부사 + que (끄)
열등비교	moins (므웽) + 형용사/부사 + que (끄)

우등비교

예) Il est plus grand que Jean. 그는 쟝보다 더 크다.
    일 애 쁠뤼 그항 끄 쟝

동등비교

예) Il est aussi grand que Jean. 그는 쟝만큼 크다.
    일 애 오씨 그항 끄 쟝

열등비교

예) Il est moins grand que Jean. 그는 쟝보다 덜 크다.
    일 애 므웽 그항 끄 쟝

형용사 bon 우등 비교

예) Ce gâteau est meilleur que l'autre. 이 과자는 다른 것보다 더 좋다
    쓰 가또 애 뫼이왜흐 끄 로트흐

부사 bien 우등 비교

예) Elle chante mieux que Jeanne. 그녀는 쟌보다 노래를 더 잘한다.
    앨 샹뜨 미외 끄 쟌

> **Tip** 형용사 bon(ne)의 우등 비교급은 meilleur(e) 뫼이왜흐며, 부사 bien의 우등 비교급은 mieux 미외이다.

기본을 다지는 문장 성분과 기본 문형

 문장성분

1 용법 프랑스어의 모든 명사는 단수 또는 복수에 속한다.

- ★ 주어   주어는 문장의 주인이 되는 말이다.
- ★ 동사   주어의 동작이나 상태를 나타내는 말이다.
- ★ 직접목적보어   전치사 없이 동사의 동작이 미치는 대상이 되는 말이다.
- ★ 간접목적보어   전치사가 붙어서 동사의 동작이 미치는 대상이 되는 말이다.
- ★ 속사   명사 또는 대명사의 성질이나 상태 등 속성을 나타내주는 말로, 주어 속사와 목적보어 속사가 있다.
- ★ 상황보어   시간이나 장소 등 부사적 기능을 하는 부사구나 전치사구를 말한다.
- ★ 동작주보어   수동태에서 주어에게 동작을 미치는 의미상의 주체를 말한다.

 기본문형

1 주어 + 동사

주어 + 동사
    예) Il marche.   그는 걷는다.
           일 마흐슈

주어 + 동사 + 상황보어
    예) Il va chez son ami.   그는 친구집에 간다.
           일 바 쉐 소 나미

2 주어 + 동사 + 주어 속사

주어 + 동사 + 주어 속사 + (상황보어)
    예) La mer est bleue.   바다는 푸르다.
           라 매흐 애 **블뢔**

주어 + 동사 + 전치사 + 주어 속사 + (상황보어)
    예) Cette voiture est en mauvais état.   이 차는 상태가 좋지 않다.
           쌔뜨 브와뛰흐 애 땅 모배 제따

기본을 다지는 문장 성분과 기본 문형

③ 주어 + 동사 + 목적보어

주어 + 동사 + 직접목적보어 + (상황보어)

예) La mère aime ses enfants.
라 매흐 앰므 쎄 장팡
그 어머니는 자녀들을 사랑한다.

주어 + 동사 + 간접목적보어 + (상황보어)

예) Ils obéissent à leurs parents.
일 오베이쓰 아 뢔흐 빠항
그들은 부모님 말씀을 잘 듣는다.

주어 + 직접목적보어대명사 + 동사

예) La mère les aime.
라 매흐 레 잼므
그 어머니는 그들을 사랑한다

주어 + 간접목적보어대명사 + 동사

예) Ils leur obeissent.
일 뢔흐 오베이쓰
그들은 그들 말을 잘 듣는다.

④ 주어 + 동사 + 목적보어 + 목적보어 속사

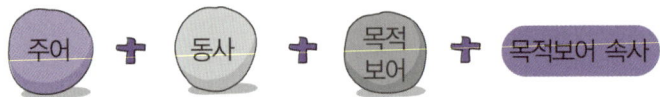

주어 + 동사 + 직접목적보어 + 직접목적보어 속사

예) Je trouve les Coréens très gentils.
쥬 트후브 레 꼬헤앵 트해 쟝띠
나는 한국인들이 매우 친절하다고 생각한다.

주어 + 동사 + 직접목적보어 + 전치사 + 직접목적보어 속사

예) Je considère cette réponse comme un refus.
쥬 꽁씨대흐 쌔뜨 헤퐁쓰 꼼므 왱 흐퓌
나는 이 대답을 부정적인 것으로 여긴다.

주어 + 동사 + 간접목적보어 + 전치사 + 간접목적보어 속사

예) Je me sers de mon mouchoir comme bandeau.
쥬 므 쌔흐 드 몽 무슈와 꼼므 방도
나는 손수건을 머리띠로 사용한다.

5 수동태

> 주어 + être + 과거분사 + par + 동작주보어

예) Ces fêtes sont organisées par la ville de Paris.
쎄 패뜨 쏭 오흐가니제 빠흐 라 빌 드 빠히
이 축제들은 파리시가 개최한다.

> 주어 + être + 과거분사 + de + 동작주보어

예) Son père est respecté de tout le monde.
쏭 빼흐 애 해스팩떼 드 뚜 르 몽드
그의 아버지는 모든 사람들이 존경한다.
(= 그의 아버지는 모든 사람들에게 존경받는다.)

주요 동사 변화표

시제	동사 인칭	être ~이다, 있다	avoir ~을 가지다	aller 가다	venir 오다
현재	je	suis	ai	vais	viens
	tu	es	as	vas	viens
	il/elle	est	a	va	vient
	nous	sommes	avons	allons	venons
	vous	êtes	avez	allez	venez
	ils/elles	sont	ont	vont	viennent
반과거	je	étais	avais	allais	venais
	tu	étais	avais	allais	venais
	il/elle	était	avait	allait	venait
	nous	étions	avions	allions	venions
	vous	étiez	aviez	alliez	veniez
	ils/elles	étaient	avaient	allaient	venaient
미래	je	serai	aurai	irai	viendrai
	tu	seras	auras	iras	viendras
	il/elle	sera	aura	ira	viendra
	nous	serons	aurons	irons	viendrons
	vous	serez	aurez	irez	viendrez
	ils/elles	seront	auront	iront	viendront
과거분사		été	eu	alle	venu

s'appeler 이름이 ~이다	habiter 살다	rencontrer 만나다	voir 보다
m'appelle	habite	rencontre	vois
t'appelles	habites	rencontres	vois
s'appelle	habite	rencontre	voit
nous appelons	habitons	rencontrons	voyons
vous appelez	habitez	rencontrez	voyez
s'appellent	habitent	rencontrent	voient
m'appelais	habitais	rencontrais	voyais
t'appelais	habitais	rencontrais	voyais
s'appelait	habitait	rencontrait	voyait
nous appelions	habitions	rencontrions	voyions
vous appeliez	habitiez	rencontriez	voyiez
s'appelaient	habitaient	rencontraient	voyaient
m'appelerai	habiterai	rencontrerai	verrai
t'appeleras	habiteras	rencontreras	verras
s'appelera	habitera	rencontrera	verra
nous appelerons	habiterons	rencontrerons	verrons
vous appelerez	habiterez	rencontrerez	verrez
s'appeleront	habiteront	rencontreront	verront
appelé	habité	rencontré	vu

동인랑 프랑스어

카카오플러스에서 1:1 상담으로
함께 공부하세요!

왕초보가 쉽게 배우는
프랑스어 첫걸음

저자 박진형
3판 2쇄 2025년 3월 15일　　발행인 김인숙　　발행처 (주)동인랑
Editorial Director 김인숙　　Designer 김미선
Printing 삼덕정판사

01803
서울시 노원구 공릉동 653-5

대표전화 02-967-0700
팩시밀리 02-967-1555
출판등록 제 6-0406호
ISBN 978-89-7582-687-0

MP3 무료다운
www.donginrang.co.kr

©2025, Donginrang Co.,Ltd
본 교재에 수록되어 있는 모든 내용과 사진, 삽화 등의 무단 전재·복제를 금합니다.

All right reserved. No part of this book or audio CD may be reproduced or transmitted
in any form or by any means, without permission in writing from the publisher.

동인랑 에서는 참신한 외국어 원고를 모집합니다.　　e-mail : webmaster@donginrang.co.kr